PATRICIA A. EATON

BAÚL DE ODIO

La historia de Zía: del maltrato infantil a la claustrofobia

Edición en español

PATRICIA A. EATON

BAÚL DE ODIO

La historia de Zía: del maltrato infantil a la claustrofobia

PRIMERA EDICIÓN
Octubre 2024

Diseño de Portada
Esteban Alí Camacho

ÍNDICE

PRÓLOGO

A mediados de 2024, la población mundial alcanzó casi los 8,200 millones de personas, de los cuales la UNICEF estima que 1,500 millones son niños de 0 a 16 años.

A nivel mundial, la Organización Panamericana de la Salud (OPS)[1], indica que **1 de cada 2 niñas y niños** de entre 2 y 17 años sufre algún tipo de violencia cada año. Según esta misma organización, se estima que el 58% de las niñas y los niños en América Latina y el 61% en América del Norte sufrieron abuso físico, sexual o emocional en el último año.

Aún más, según datos de la UNICEF[2], **Estados Unidos, México y Portugal** son los países donde el índice de mortalidad de menores por maltrato físico es más elevado, con cifras de **10 a 15 veces mayores** que en el resto de las naciones desarrolladas.

---

[1] Organización Panamericana de la Salud (OPS). Violencia contra las niñas y los niños. Portal. 2024: https://www.paho.org/es/temas/violencia-contra-ninas-ninos#:~:text=A%20nivel%20mundial%2C%201%20de,emocional%20en%20el%20%C3%BAltimo%20a%C3%B1o.

[2] Fundación en pantalla.org. Estadísticas Internacionales. Marzo 2024. https://fundacionenpantalla.org/estadisticas-internacionales/#:~:text=Seg%C3%BAn%20datos%20de%20la%20UNICEF,resto%20de%20las%20naciones%20desarrolladas.

El INEGI[3] indica que, en 2021, a nivel nacional (México), **del total de mujeres de 15 años y más, el 70.1% han experimentado al menos un incidente de violencia**, que puede ser psicológica, económica, patrimonial, física, sexual o discriminación a lo largo de su vida.

La Organización Mundial de la Salud (OMS) define el maltrato infantil como los abusos y la desatención que sufren los menores, sea este físico, psicológico, abuso sexual, desatención física y emocional, negligencia y explotación comercial o de otro tipo que dañe la salud, desarrollo y dignidad del niño, o poner en peligro su supervivencia, en el contexto de una relación de responsabilidad, confianza o poder.

Las secuelas en la edad adulta pueden ser múltiples y pueden ir desde trastornos de personalidad, adicciones, violencia en sus relaciones, problemas de autoestima, e incluso ciertas enfermedades[4].

---

[3] INEGI. Encuesta Nacional sobre la Dinámica de las Relaciones en los Hogares (ENDIREH) 2021. Violencia contra las mujeres. https://www.inegi.org.mx/tablerosestadisticos/vcmm/#:~:text=En%202021%2C%20a%20nivel%20nacional,lo%20largo%20de%20su%20vida.

[4] CEDSI. Secuelas del Maltrato Infantil. 2024. https://www.cedsi82.net/secuelas-del-maltrato-infantil-en-adultos

Las huellas que deja el maltrato en el niño perduran y afectan a etapas posteriores de su desarrollo. El maltrato es una fuente de estrés permanente y provoca desgaste en el organismo y predisposición a ciertas enfermedades, tales como dolores cervicales, problemas digestivos, intestinales, cardiacos, alteración del sueño, problemas en la piel, pérdida de pelo, ganancia extrema o pérdida de peso y otras enfermedades psíquicas e incluso depresión o tendencias suicidas.

Aunado a estas secuelas, el maltrato infantil se considera un detonante para algunas fobias, identificadas como un trastorno de la ansiedad, y dentro de ellas, vemos casos de claustrofobia, la que puede definirse como el temor excesivo a permanecer en espacios cerrados y pequeños. Entre sus variados síntomas, genera reacciones como la falta de aire o sentir que no pueden moverse por estar encerrados y sienten la necesidad urgente de salir de ese lugar.

El origen de ese desorden no ha sido definido claramente. Por un lado están las causas genéticas y por otras el medio ambiente, un evento traumático, estilo de crianza y otros. Esto provoca un miedo exagerado, irracional y extremadamente inmanejable. Se ha encontrado que, en muchas ocasiones, la claustrofobia va acompañada de nictofobia, temor a la oscuridad, producida por riesgos que no podemos ver pero que existen en nuestra imaginación.

Podría llenar varias hojas con datos estadísticos e información sobre el maltrato y el abuso infantil en todas sus formas, sin embargo, decidí escribir esta historia basada en experiencias personales.

El personaje principal de esta historia, Zía, sufrió maltrato y abuso en todas sus formas, lo que la llevó a desear atentar contra su vida cuando apenas contaba con seis años de edad, y después, nuevamente, en la edad adulta.

Aprendió a volverse invisible para evitar o minimizar el maltrato emocional durante la mayor parte de su infancia y adolescencia, lo que definió gran parte de su personalidad como adulto. Aunado a este maltrato, experimentó en carne propia abuso físico y sexual, lo que ocasionó que su relación y reacción con las personas y en su entorno fueran adaptadas conforme se presentaba cada acción.

Zía no puede dormir sin sentir miedo, no puede estar en la oscuridad, o en lugares cerrados. Creó hábitos de vida que van desde sentarse en ciertos lugares donde pueda tener control para retirarse lo más rápido posible, hasta vestir sólo con ciertos colores y estilos de ropa para pasar desapercibida. Evita el contacto visual pues es parte de su "capa de invisibilidad". Vive aún en el terror constante en cada minuto de su vida. Nunca ha podido recuperar su autoestima.

Zía representa a muchos hombres y mujeres que día a día sacan la fuerza interior para enfrentar al mundo y esconder, por esas horas, el dolor constante, la soledad interna y el desamparo emocional.

Zía llora a diario cuando no la ven y se aísla siempre que puede por temor a ser juzgada, lastimada e incomprendida.

Ella sufre con los efectos de la claustrofobia de manera permanente. El temor no sólo a lugares cerrados, pero a la falta de iluminación, a entrar a lugares desconocidos, a cerrar una puerta y temer que no pueda abrirse, a pasar por un túnel y sentirse dentro de una tumba, a entrar en un elevador, un probador de ropa, un cubo de escaleras reducido, e incluso un pasillo muy largo donde no se ve el exterior. Mil situaciones a diario ponen a prueba su control y fortaleza.

Y Zía enfrenta al mundo con entereza, buscando las pequeñas cosas que llenan de alegría su corazón: una melodía tarareada, un buen libro, una deliciosa taza con café, o la compañía de alguna amistad que le comparte unos minutos de tranquilidad en su caótico mundo interno.

Zía soy yo.

INTRODUCCIÓN

Esta es la historia de una niña cuya vida comenzó marcada por el dolor, la soledad y el maltrato, en un hogar donde el amor era un susurro apenas perceptible, una promesa nunca cumplida. Nació con la esperanza de encontrar cariño y protección, pero lo que halló fueron corazones fríos y manos que la apartaban, como si desde su primer respiro hubiera sido destinada a ser invisible. Desde muy pequeña aprendió que su lugar no era al centro de la vida familiar, sino en los rincones oscuros, observando cómo otros recibían las sonrisas y caricias que tanto anhelaba.

Su madre, una mujer de rostro bello y sonrisa reservada, parecía incapaz de ofrecerle siquiera una palabra de consuelo. La niña, siempre expectante, deseaba que un día su madre la viera, la abrazara, le dijera que todo estaría bien. Pero los abrazos nunca llegaron. En cambio, recibió miradas de desaprobación y comentarios llenos de indiferencia y burla.

Su padre, una figura imponente, con la dureza de alguien que nunca aprendió a expresar sus emociones o a demostrar cariño, parecía una sombra que sólo se hacía presente para hacer comentarios sobajantes e imponer castigos, tanto físicos como emocionales.

El miedo era su compañero constante, pero pronto el miedo se transformó en algo más profundo: una certeza de que no era merecedora de afecto.

La protagonista de esta historia creció en un ambiente hostil, donde los días eran largos y vacíos, y las noches, eternas. La ausencia de sus padres, tanto física como emocional, la dejó expuesta a los abusos y la crueldad de quienes debieron protegerla. Desde pequeña fue señalada, criticada, lastimada, y poco a poco, comenzó a creer que el maltrato era su destino, una forma de pagar por existir.

Aún con toda esta carga, se aferraba a la escuela como si fuera la única tabla de salvación en un océano de desdicha. Los libros eran su refugio, las palabras, sus compañeras más leales. El conocimiento la hacía sentir poderosa en un mundo que constantemente le quitaba el control. Sin embargo, incluso en ese espacio donde podría haber florecido, se encontró con nuevas formas de rechazo. Su familia, indiferente a sus logros académicos, no entendía por qué insistía en estudiar, en soñar con una vida diferente. La trataron de inútil, de soñadora ilusa, y no hicieron más que reforzar la idea de que su esfuerzo era en vano, que estaba destinada a fracasar.

El aislamiento no solo era emocional, sino también físico. Hubo momentos en los que estuvo completamente sola, obligada a sobrevivir por su cuenta, a mantener una casa vacía de amor y llena de silencios. Vivir sola desde los once años no era una hazaña que se celebraba, sino una realidad cruel que pocos comprendían. Aprendió a reprimir sus lágrimas, a ocultar su hambre, a seguir adelante incluso cuando el agotamiento y la desesperanza le oprimían el pecho.

Pero la peor traición vino de aquellos que debían ser sus pilares. Fue abusada, tanto física como emocionalmente, por quienes deberían haberla protegido, por quienes deberían haber luchado por su bienestar. No había consuelo en su mundo. Su madre, quien podría haberla defendido, la miraba con ojos fríos, culpándola en silencio por todo lo que ocurría. ¿Cómo podía sentirse culpable de algo que jamás buscó? Y, sin embargo, la culpa se instaló en su corazón como una sombra que nunca la abandonaría.

A pesar de todo, nunca dejó de soñar con escapar, con encontrar un lugar donde pudiera ser libre, donde las heridas pudieran empezar a cicatrizar. La posibilidad de una vida diferente se le aparecía como un faro lejano, inalcanzable pero siempre presente. Soñaba con ser arquitecta, con diseñar mundos donde la seguridad y la belleza estuvieran al alcance de todos, incluso de aquellos que, como ella, parecían estar destinados a vivir en ruinas.

La adolescencia no fue más amable. Cada paso hacia la adultez fue acompañado por nuevos golpes, tanto literales como metafóricos. Cada intento de independencia, cada intento de tomar control de su vida, era saboteado por la violencia de su entorno. Las promesas de amor se transformaban en cárceles emocionales, y los pocos destellos de esperanza se apagaban rápidamente, sofocados por la brutal realidad que la rodeaba.

Sin embargo, esta es también la historia de una lucha incansable, de una mujer que, a pesar de las cicatrices profundas, se negó a dejarse consumir por la oscuridad. A lo largo de los años, ella encontró la manera de levantarse, una y otra vez. Con la determinación de quien ha tocado fondo y sabe que no hay más lugar hacia abajo, siguió adelante, construyendo su camino, buscando la libertad que siempre le fue negada.

Es una historia de dolor, sí, pero también de resistencia. La niña invisible, la joven golpeada, la mujer rota, se transformó, poco a poco, en alguien capaz de encontrar luz en medio de la tormenta. Y aunque las cicatrices de su pasado nunca desaparecerán del todo, supo utilizar ese dolor como una fuerza para sobrevivir y, finalmente, para vivir.

CAPÍTULO 1

INVISIBLE

El ardor en el estómago era insoportable. El suelo frío y duro me hacía tiritar, y el hambre era una tortura silenciosa que devoraba mi cuerpo. Mordiendo la orilla del camisón, cerré los ojos y fingí que era un trozo de pan. Pensar en unas papas guisadas, un huevo, o un pedazo de queso *Longhorn* hacía que mi estómago se retorciera de dolor, mientras mi boca se llenaba de saliva, como si esas delicias fueran reales, y no fantasmas que me atormentaban.

Papá había llegado hacía rato, asomándose a la recámara donde dormíamos mi hermana y yo. Sólo tenemos una cama individual cubierta con una bella colcha blanca, un armario pequeño y un mueble de seis cajones que guarda nuestras ropas. Las paredes, pintadas de un rosa apagado, contrastan con las dos grandes ventanas que de día se llenan de luz y de noche dejan entrar los fríos rayos de la luna. Pero rara vez disfruto de la suavidad de la cama durante toda la noche. Casi en cuanto Papá cerró la puerta, Marelia, mi hermana, me empujó al suelo. Según ella, allí deben dormir los perros.

Cada noche lo mismo: esperábamos a que Papá revisara que todo estuviera bien, y cuando se iba, yo era exiliada al suelo. Quejarme sólo empeoraba las cosas, sus castigos eran crueles y silenciosos, inventaba historias o me daba pellizcos cuando nadie miraba. Así que me escondía bajo la cama, esperando que la proximidad del colchón sobre mi cuerpo huesudo atenuara el frío. Y rezaba, una vez más, para ser invisible.

Si no me ven, si me convierto en un espectro, tal vez dejen de odiarme. Tengo solo cinco años, y no sé por qué mi hermana y mamá me desprecian. Me esfuerzo en obedecer, en ser lo más pequeña posible, en no pedir nada, en no hacer ruido. He aprendido a leer sola, ya desde hace un año, buscando una aprobación que nunca llega, una palabra de reconocimiento, de cariño, un abrazo que no existe para mí.

Pero dentro de esta soledad, dentro de esta búsqueda de pertenencia, lo que más anhelo es un poco más de comida. He intentado comer trozos de papel de periódico, pero el sabor es repugnante, y la tinta mancha mi boca y lengua, dejando mi estómago aún más en llamas. Tal vez mañana sea distinto. Quizá mamá me permita sentarme a la mesa con mis hermanos y me sirva un desayuno como a ellos.

El sueño me venció al fin. Parecía que apenas había cerrado los ojos cuando ya amanecía. Salí de debajo de la cama sin hacer ruido, vistiendo mi ropa lentamente. Otro día más sin hablar, sin reír, sin llenar ese vacío en mi estómago. Caminé hacia la cocina, de donde emanaban aromas que me llenaron de una falsa esperanza. ¡No puedo creerlo! ¡Hoy huele a panqueques! Rogué en silencio a Dios para que hoy me permitieran sentarme a la mesa.

Me quedé en el umbral de la puerta, tímida y muda, esperando alguna señal. Mamá me vio de reojo y, sin decirme nada, se giró hacia mis hermanos, sonriendo mientras los apuraba para que se alistaran para el colegio.

Invisible una vez más, caminé hacia la sala y me escapé hacia mi refugio. ¿Qué mundo visitaré hoy? ¿El África salvaje de "Rarotonga" o las tierras lejanas de "Kalimán"? Quizá las divertidas aventuras de "Archie" o "La Pequeña Lulú". En esos lugares imaginarios, la comida abunda, servida con amor, y los niños no tienen que ser invisibles.

Mi refugio es una pequeña casita de madera al fondo del patio. Dentro, apenas hay una ventana pequeña y una puerta que se traba con un trozo de cuerda. Hay un camastro viejo con una cobija a cuadros, roja y negra, que me envuelve y me hace sentir protegida en las noches frías. Una mesa pequeña y una lámpara oxidada, cuya pantalla está manchada por la humedad, completan el espacio. A veces, me divierte buscar formas en esas manchas; si entrecierro los ojos, puedo imaginar un osezno persiguiendo mariposas.

Pero lo más valioso de mi refugio es una caja de cartón repleta de revistas de dibujos y hermosas y divertidas historias. Algunas, con bellos colores donde, en una de ellas, el vestido de la protagonista es rojo y sus bucles perfectamente formados como su vida, son de un negro azabache como la noche. En otra, el protagonista, un clásico adolescente norteamericano, presenta cabello rojizo mientras su novia es una porrista, rubia y de ojos azules, cuya máxima preocupación es la vida en el bachillerato de Riverdale.

Pero otras son en tonos sepia donde se tejen historias de amor llenas de drama, traición y pobreza, donde al final siempre triunfa la bella y sensual protagonista y recibe el amor del valiente héroe.

Es en estos mundos fascinantes donde escondo mi hambre y soledad. Donde, en mi imaginación, me deleito con manjares dignos de una reina en palacios de mármol, con jardines estilo versallesco donde pasean garbosamente bellos pavorreales desplegando la iridiscencia de su plumaje.

Es aquí donde esa cobija se transforma en unos brazos amorosos, donde la escuela a la que asiste otro de los personajes deja de estar en la revista y ahora es parte de mi entorno. En estos mundos dejo de ser invisible y mis carencias se disipan. Aquí soy estudiante, hija amada, doncella valiente que triunfa sobre el mal, pero sobre todo, soy visible para el mundo imaginario de los cuentos y revistas.

Pasé muchas noches allí, días enteros incluso, sin que nadie viniera a buscarme. ¿Acaso alguien se daría cuenta si desaparezco? ¡Aquí soy invisible! Y esa invisibilidad me da esperanza. Esperanza de algún día, simplemente, desaparecer y dejar de ser una molestia.

A veces, me recuesto en el viejo camastro y pienso en la muerte. Creo que Papá se pondría triste aunque no sé si lloraría pues nunca lo he visto llorar. Tal vez Mamá reiría más y cantaría al no tener ya que batallar conmigo. ¡Mamá tiene una voz tan hermosa! A veces, cuando tiende ropa cerca del cuarto donde me refugio todos los días, escucho su voz cuando canta. Me encantaría correr hacia ella, abrazarla, decirle que la amo pero el miedo a su rechazo me paraliza, así que me quedo callada e inmóvil para seguir escuchando mientras sigo sus movimientos a través de la rendija de la puerta.

A veces intento no respirar, para ver qué se siente dejar de existir. ¿Es doloroso morir? No lo sé, pero debe ser un alivio. Las personas que han muerto, como el abuelo de mi vecino, estaba enfermo y ya era mayor. Yo no estoy enferma y sólo soy una niña. Sin embargo, aquí, en este rincón de mi mundo, ser invisible me da una última esperanza: la de desaparecer por completo.

De repente, mi estómago gruñe fuertemente y me emociono al escuchar la voz de mi vecino y compañero de juegos que acaba de llegar de su escuela. ¡Viene a invitarme a jugar a su casa! ¡Su mamá le ha traído un nuevo libro de colorear y una enorme caja de colores de cera! Esas cajas que tienen un sacapuntas integrado.

Salgo del pequeño cuarto, sin hacer ruido atravesamos el patio de la casa de mis padres y corremos hacia la casa de su abuela. No puedo ocultar mi alegría a pesar de que, al entrar corriendo a la cocina, su abuela nos recibe con cara adusta y nos llama la atención por correr dentro de la casa. Ella le indica a mi amigo que lave sus manos para que se siente a comer. Yo miro expectante el paquete de tortillas sobre la mesa y el frasco de mayonesa y mi boca no logra contener la saliva que se forma al imaginar lo que viene. Una vez que mi amigo se sienta a comer su sopa de fideos, su abuela toma una tortilla, le pone un poco de sal y la unta con mayonesa, la enrolla y estirando sus fuertes y regordetes brazos me la ofrece.

La primera mordida es una explosión de sabor. Trato de ejercer control para no devorarla de tres mordidas porque sé que eso será mi único alimento hasta la hora de la cena. Mi amigo termina su sopa y mueve su plato mientras espera el segundo platillo. Me ofrezco a lavar su plato y, camino al fregadero y sin que se den cuenta, paso mi dedo por dentro y lo llevo a la boca para saborear unas gotas de sopa. ¡Qué buena cocinera es su abuela!

Después de lavar su plato y mientras él termina de comer, paso las hojas de su nuevo libro y, pacientemente, espero el momento donde escogeremos los dibujos que cada uno va a colorear tumbados sobre el cemento del patio delantero y disfrutando el calor del piso que ha estado bañado por un sol incipiente de invierno.

Después de algunas horas y cuando la luz del día es ya casi nula, la abuela de mi amigo me indica que es hora de irme a casa y, con tristeza, me despido de mi amigo y de ella y me encamino hacia el patio de mi casa.

Cuando entro, el silencio de las áreas comunes me indica que es tarde y, por debajo de la puerta de la recámara principal, se aprecia una franja de luz que me indica que mamá está adentro. Silenciosamente, camino hacia el comedor y veo en una esquina, como todos los días desde que tengo uso de razón, una mesa de aluminio del tipo que se dobla y se usa para comer viendo televisión, y encima un plato con algo de sopa de lata, de fideos con pollo, la cual ya se ha enfriado.

Minimizando lo más posible el ruido, me siento a cenar mi sopa. Yo creo que algo tiene esa sopa que es buena para los niños, pues ese es mi almuerzo y mi cena todos los días desde que tengo memoria: medio plato de sopa al mediodía y medio plato de sopa por la noche. Siempre el mismo sabor, siempre la misma marca. Es por esta comida que algunos de mis familiares me han puesto el apodo de "*chicken soup*".

La sopa es rica en sabor, pero nunca es suficiente. Quisiera unas galletas saladas o una tortilla para acompañarla, aunque lo que más quisiera es sentarme a la mesa de la cocina y comer lo mismo que mis hermanos. Ayer, mamá hizo tortillas de harina. Pasé varias veces por la cocina esperando poder tomar una hasta que Mamá me ordenó que no estorbara y me saliera a jugar. Sin embargo, cuando Papá se sentó a comer antes de irse a su trabajo, tomó media tortilla con un poco de mantequilla untada y me la llevó afuera. ¡Fue una delicia! Aunque Mamá se enojó con él y le dijo que me consentía demasiado.

Desde hace un año, después de que tuve mi accidente, de vez en cuando Papá desafía a Mamá y me compra alguna golosina y ha empezado a comprarme hermosos libros de figuras para colorear. Los domingos, vamos al mercado a comprar las provisiones de la semana y casi siempre llega a visitar a un amigo que es dueño de una papelería y librería en la ciudad. Allí, Mamá y mis hermanos y hermana se quedan en el auto y Papá sólo me lleva a mí. Me toma de la mano al bajar del auto y entramos a un mundo glorioso lleno de libros de todos tipos, algunos juguetes, materiales para estudios, cuentos y libros para colorear.

Allí, mientras Papá platica con su amigo, veo los libros y busco alguno con dibujos de animales marinos (mis favoritos), o con hadas y princesas. Hay unos grandes y con muchas hojas, pero siempre trato de encontrar uno de los menos caros y lo pongo al frente del mueble mostrador donde Papá lo vea. Él, al cabo de algunos minutos, lo toma, lo paga y salgo de la tienda con mi hermoso libro en una bolsa de papel y la sonrisa más grande que puedo tener en mi rostro.

Hace poco más de un año, a los cuatro años de edad, tuve un accidente que marcó mi cuerpo y mente de manera permanente.

Mi hermano Bernardo había puesto a hervir una olla con leche para hacer chocolate y pasé por la cocina justo cuando la leche empezaba a hervir y derramarse. Al verme acercar a la estufa, Bernardo corrió hacia mí, me tira al suelo, y luego, entre risas, empezó a jugar con sus manos, haciendo movimientos ondulantes como si controlara la nata inflada como una burbuja de blanca nieve, la que bajaba y subía sin desbordarse.

Fascinada por ese espectáculo, dentro de la inocencia de mi corta edad y sin pensar en las consecuencias, extendí la mano para tomar el asa de la vieja olla de peltre. El calor del metal fue inmediato y brutal; instintivamente jalé el brazo, y toda la leche hirviendo se volcó sobre el lado izquierdo de mi cuerpo.

El impacto y el dolor fueron fulminantes. Grité, lloré y salí corriendo al patio, donde Mamá y Papá conversaban con unas visitas. Al verme, corrieron hacia mí, tratando de entender lo que había pasado. Mamá, con manos temblorosas, comenzó a arrancarme la ropa. Con cada prenda que quitaba, la piel de mi brazo se despegaba en girones. Mis gritos desgarraban el aire, transformándome en un animal herido. Cuando finalmente lograron quitarme la ropa, los ojos de Mamá se llenaron de horror. Mi brazo, cubierto de colgajos de piel, nata y sangre, dejaba ver algo blancuzco a la altura de la muñeca. Tal vez era mi hueso.

Bernardo, con lágrimas en los ojos, gritaba que la olla de leche hirviendo se había volcado sobre mí. Con un rugido como de león enfurecido, veo a Papá acercarse a él y levantar la mano golpeándolo con furia incontrolable. En ese momento el dolor me venció y perdí el conocimiento.

Ese accidente fue el inicio de meses de sufrimiento, dolor y estrés para todos. Las quemaduras cubrían todo mi brazo izquierdo, parte del costado y el muslo del mismo lado. Mi cuerpo quedó grabado en mi mente como un mapa de dolor. No teníamos seguro médico, así que ese fatídico 22 de diciembre un doctor particular, que llegó de una fiesta, trató mis quemaduras de tercer y cuarto grado con pomadas a base de azufre y vendas elásticas.

Cada vez que me cambiaban las vendas, el dolor era insoportable. La piel quemada se adhería a las vendas, y al retirarlas, se desprendían trozos de carne, haciendo que brotaran sangre y fluidos desconocidos. El olor, textura y color amarillento de la pomada con la que me cubrían las heridas quedó imbuido en mi mente para siempre. Mis gritos en la consulta se escuchaban en la calle; tanto así que la gente que pasaba preguntaba en la recepción qué estaba ocurriendo.

Para aquellos que cuando ven una noticia o documental y se preguntan cómo una madre puede levantar una gran roca para salvar a su hijo atrapado debajo de la misma, o cualquier otra hazaña que requiere un despliegue de fuerza extrema, puedo deciros que a mis cuatro años, en cada cambio de vendas, encontraba una fuerza sobrehumana para liberarme de los cuatro adultos que trataban de inmovilizarme. Lo que ellos llamaban "curación" era en realidad una tortura. Mi brazo, incapaz de moverse, comenzaba a convertirse en un miembro inútil.

Poco a poco, sentía cómo mi cuerpo perdía la batalla, y en mi mente sólo deseaba que todo terminara. En casa, el invierno no ofrecía consuelo. No podía soportar ni el más leve roce de la ropa, así que Papá clavó una sábana blanca a la pared, creando una especie de tienda bajo la cual mi cuerpo, cubierto sólo por vendas, tiritaba de frío. Mis hermanos desaparecieron, no sé dónde dormían, pero el silencio de la casa se rompía sólo por sollozos.

Además de las curaciones para cambiar las vendas elásticas cada tercer día, recibía inyecciones dos veces al día para prevenir infecciones. Además, me limitaban el agua, dándome sólo pequeños pedazos de hielo que se derretían en mi boca. La deshidratación comenzaba a afectar mi cuerpo, ya de por sí devastado. La Navidad llegó y se fue en susurros y llantos. Veía a Mamá llorar, y escuchaba las preocupaciones sobre el costo del tratamiento y las oraciones de los vecinos que llegaban a rezar por mí. Un sacerdote vino a darme la extremaunción; hablaba de mi eterno descanso, pero yo no encontraba paz en ningún lugar.

El brazo se hinchaba, volviéndose violáceo y desprendiendo un olor pútrido, similar al de los perros muertos y llenos de blancos gusanos que aparecían en los lotes baldíos por lo que cruzaba cuando iba a visitar a otro de mis amiguitos quien trabajaba en una carnicería a un par de cuadras de casa. Ese terrible olor me hacía temer que si mi brazo seguía hinchándose fueran a salirme gusanos.

Con el paso de las semanas, el dolor en el brazo había disminuido tornándose en un miembro entumecido, negruzco e inútil -no podía moverlo y había casi triplicado su tamaño. Los nervios y tendones destrozados lo forzaban en una posición como una garra contraída y deforme pegada a mi pecho.

El dolor de pierna y costado seguía siendo insoportable y me impedía descansar aunque fuera por algunas horas. Papá y Mamá discutían constantemente. En ocasiones, intentaba consolarla, diciéndole con mi débil voz: "Mamita, ya no me duele mi bracito, sólo me duele mi piernita". Pero nada parecía aliviar el peso que llevábamos todos.

Así pasaron un par de semanas más entre el dolor constante, la sed inacabable, la hinchazón y miríada de colores incorrectos en mi brazo, el olor a animal muerto que despedía mi cuerpo, y el frío invierno que parecía no tener fin.

En uno de esos días, el doctor llegó a casa y le escuché hablar con mis padres de que lo único que se podía ya hacer era ¡cortar el brazo izquierdo un poco más abajo de la altura del hombro! ¡Mi brazo! No entendía, ya casi no me dolía y, aunque olía muy feo, estaba segura que si me ayudaban a bañarme ese olor se quitaría, aunque no dejaban que me mojara pues tenía ya varios días con fiebre y demasiado frío, y mi brazo se había tornado casi negro en algunas partes.

El doctor programó la amputación de mi brazo para el 9 de febrero. Papá, furioso, gritaba y maldecía; Mamá sólo lloraba en silencio. Yo escuchaba todo desde mi cama, sin poder hacer nada más que resignarme. Sólo Franco entraba a verme. Se sentaba a leerme historias tratando de distraerme del dolor que era palpable a nuestro alrededor como una densa bruma que, poco a poco, iba envolviendo nuestras vidas.

Papá prohibió a Bernardo que entrara al cuarto. Lo culpaba por el accidente, aunque yo sabía que no era su culpa. A veces, por las noches, escuchaba sus sollozos en la sala y a mi hermano Franco susurrando y tratando de calmarlo. Yo intenté decirle a Papá que no era culpa de Bernardo, que yo había provocado el accidente, pero Papá no entraba a verme y sólo se paraba por breves instantes en el dintel de la puerta del cuarto, luego daba media vuelta y salía sin escuchar y sin decir nada.

Además de la hinchazón y fuerte olor de mi brazo, de la pérdida de movilidad por la contractura muscular debido al grado de daño a nervios y tendones, mi cuerpo empezaba a deteriorarse. Aparecían llagas en mi piel por pasar tanto tiempo inmóvil, y mi mente buscaba la liberación en la muerte la que esperaba cada noche. Ese era un pensamiento reconfortante y, a mis cuatro años de edad, morir se presentaba como una salida para dejar atrás el dolor físico que sentía.

Sin embargo, los planes de Dios eran otros y, tres días antes de que se realizara la cirugía para amputar mi brazo, llegó a visitarnos una tía que era enfermera en un centro médico de seguridad social al que nosotros no teníamos acceso por no ser derechohabientes. Ella, al enterarse de la situación por la que estábamos pasando, y gracias a que dos médicos especialistas en quemaduras provenientes de la Ciudad de México estaban de visita en nuestra ciudad, les pidió una segunda opinión y ellos también acudieron a verme.

Después de que me revisaron con sumo cuidado para no lastimar más las áreas quemadas, y escuchar sobre las "curaciones" y medicamentos que había recibido hasta ese momento, y de la cirugía programada para la amputación, hablando directamente conmigo delante de mis padres me dicen: -"Creemos que podemos salvar tu brazo, pero el tratamiento va a ser doloroso porque tus quemaduras son muy extensas y profundas. Sin embargo, si logramos salvarlo, con el tiempo podrás volver a moverlo", -"¿Estarías dispuesta a aguantar un poco más de tiempo el dolor y que no te corten tu brazo?".

Yo sólo tenía cuatro años, pero esos médicos me trataron como a un adulto y preguntaban mi opinión. Con lágrimas corriendo por las mejillas, voltee a ver los rostros de mis padres y asentí con la cabeza.

Al siguiente día hubo mucho movimiento en casa. Primero, sacaron a Marelia del cuarto donde antes yo también dormía y la pasaron a una de las camas de mis hermanos; todo este tiempo ellos habían estado durmiendo en la sala. Luego, Mamá se puso a limpiar todo el cuarto y a reacomodar la cama y los otros muebles. Trajeron una tina galvanizada de las que se usaban para lavar la ropa y muchas botellas de cristal con suero glucosado y salino, varios garrafones de cristal con agua potable y la pusieron a hervir. Trajeron un tubo alto con unos ganchos en la parte de arriba y unas sondas.

La cama fue cubierta con sábanas blancas y sobre la cubierta del mueble de cajones podían verse una multitud de gasas, pomadas, frascos de medicamentos, inyecciones, etc. Cuando el agua hervida se había enfriado un poco, y después de haber lavado y desinfectado la tina galvanizada, vertieron el equivalente a un garrafón (5 galones) de agua previamente hervida y varias botellas de suero y otros polvos que nunca supe qué eran, después, con suma cautela y envuelta en una delgada sábana, ambos médicos fueron sumergiendo mi cuerpo en la tina. Al contacto con la mezcla líquida, el dolor en mi brazo casi me lleva a la locura y vuelvo a vivir el intenso dolor de los primeros segundos en que la leche había quemado mi piel y, nuevamente, pierdo el conocimiento.

Cuando vuelvo en sí, ya no estoy en la tina y los médicos untan las zonas afectadas de mi cuerpo con pomadas y las cubren con cortas tiras de delicada gasa que apenas se sienten, casi como si una pequeña mariposa pasara aleteando cerca de mi piel. También, por orden de estos médicos, empiezan a darme pequeñas cucharadas de té con miel, agua con una pizca de sal, carbonato y limón, y algunas cucharadas de caldo tibio. Luego, me ponen un par de inyecciones y, por primera vez, caigo en un sueño profundo.

Este mismo tratamiento continúa durante casi una semana y, al cabo del tercer día, los médicos empiezan a retirar trozos negruzcos de piel de mi brazo hasta que sólo queda carne rosada y sensible cubierta con pomadas y gasa. El dolor sigue siendo indescriptible, pero la hinchazón empieza a disminuir y un hormigueo molesto y punzante pasa a ser mi nuevo compañero.

Después de un mes de este tratamiento, los médicos vienen a despedirse y dejan instrucciones precisas para continuar así durante tres meses más. Antes de irse, ambos se sientan al pie de mi cama y me dicen que, si todo sigue así mejorando, no tendrán que cortarme el brazo y que, aunque siempre tendré cicatrices y falta de movilidad, tendré todas mis extremidades.

Uno de ellos, con lágrimas en sus ojos, acaricia mi cabeza y me dice que soy muy valiente, que ellos trabajan con personas que han sufrido quemaduras graves y que yo he sido la más valiente que ellos han conocido. Yo no sé si eso es cierto, pero el solo hecho de que ellos se tomen el tiempo de hablar directamente conmigo me hace sentir bien y partícipe en todo lo que ha estado pasando y, aunque sea en esos momentos, he dejado de ser invisible.

No recuerdo cuánto tiempo estuve en cama. Sólo recuerdo que ya no tenía frío durante el día y que afuera se escuchaban los gritos de mis vecinitos corriendo y jugando, el trinar de los pájaros en las mañanas, y que la hora de la cena llegaba y pasaba y seguía habiendo luz afuera.

La primera vez que, por fin, pude salir de esa habitación era un día claro y caluroso, creo del mes de septiembre, pues por la mañana escuchaba la algarabía de algunos niños correr hacia la escuela. Con paso vacilante, y Mamá cuidando que no fuera a caerme, caminé hasta la sala donde pude sentarme de lado en una esquina del viejo sillón y ver el exterior de la casa y la vida que seguía su curso.

Ese fue también el primer día que el señor que venía a inyectarme dos veces al día no llegó. Mi brazo ya no olía feo y, aunque no me era posible moverlo o estirarlo, los colores negruzcos y violáceos habían casi desaparecido para dar pie a una piel rosada y con marcadas protuberancias en algunas áreas y dos partes con profundas hendiduras donde, al final, los médicos tuvieron que remover quirúrgicamente gran cantidad de piel y "carne" que ya no pudieron recuperarse.

A pesar de que me daba gusto sentir que mi cuerpo mejoraba, y entender que seguiría un largo camino para poder recuperar algo de movimiento –sin imaginar que eso también sería sumamente doloroso, sentía una profunda tristeza pues, a partir del accidente, mi hermano Bernardo se alejó de mí. Cuando yo lo buscaba, él simplemente se paraba y se iba a otro lugar y sólo lo escuchaba hablar y reír con Marelia.

Ella tampoco me hablaba ni convivía conmigo. Sólo me miraba con desdén y una sonrisa burlona y, cuando mis padres no se daban cuenta, me decía que nadie nunca me iba a querer pues ahora yo era un monstruo.

Que mejor debería de haberme muerto pues a mis padres y a ella les daba vergüenza que las amistades y familia tuvieran que soportar mi presencia.

Riéndose ante mi llanto, en voz alta recordaba la tan contada historia entre la familia de cuando yo apenas iba a cumplir un año y la dejaron cuidándome mientras Papá y Mamá iban al mercado y, según narraba ella misma, me tomó en sus brazos, se encaminó conmigo hacia el fondo de la propiedad donde estaba nuestra letrina, un cuarto de vieja madera sobre un gran hoyo que usábamos para hacer nuestras necesidades fisiológicas y quitándome la cobija, la que fue a dar al fondo del pozo entre el excremento, estuvo a punto de dejarme caer pero la llegada de mi hermano Franco la hizo desistir pues pensó que, si no moría yo de inmediato, Papá la haría meterse al pozo para sacarme y ensuciaría su ropa.

Pero entre esa falta de convivencia por parte de uno y burlas por parte de la otra, siempre llegaba Franco a alegrar mis días. Platicaba conmigo de cosas reales o imaginarias que había visto, lo que había sucedido en su escuela y lo que había aprendido -como frases en latín y griego y, a veces, me traía pequeñas golosinas que me daba a escondidas.

Durante todos esos meses, que se extendieron a casi un año, dejé de ser invisible y varias veces a la semana llegaban visitantes, familia o amigos de mis padres, a preguntar cómo seguía yo de salud y, muchas veces, llegaban con pequeños obsequios, comida, fruta, pan y remedios para agilizar el proceso de cicatrización de mi cuerpo. Y aunque no hablaban directamente conmigo, se sentía bien saber que para muchas personas era yo visible.

Invisible Scars

(Unknown author)

Invisible scars, unseen they lay.
Echoes of battles fought away.
Not etched in skin, nor marked by pain,
But deep within, where tears sustain.

They bloom from words that cut like knives,
Or moments lost in shattered lives.
Unseen, unheard, yet fiercely there,
A silent ache, too much to bear.

They whisper tales of wounds unseen,
Where healing's slow, and hearts convene.
Invisible scars, though hidden well,
Their presence known, their stories tell.

So be kind, for you may not see
The unseen scars that others carry.
Handle hearts with gentle care,
For invisible scars are everywhere.

Autor desconocido. Sin fecha.
Publicado en: https://www.tiktok.com/
@user298776144461/video/7305780037653974273

CAPÍTULO 2

SOLEDAD

No sé bien qué está pasando. Esta mañana mis hermanos prepararon maletas y se despidieron de mí. Marelia, como siempre, en tono burlón y con cizaña en la voz hacía alarde de lo mimada que estaría con la abuela María, la mamá de Mamá. Mientras tanto, mi hermano Franco, el mayor, apenas pudo preguntar tímidamente por qué yo no iría con ellos. No llegué a escuchar la respuesta que le dio Mamá pero sí noté cómo el tono cortante de su voz hizo que el rostro de mi hermano se tiñera del rojo intenso de las granadas maduras, mientras sus ojos reflejaban tristeza. Luego, como si todo estuviera predestinado, los tres subieron al auto y papá se los llevó lejos de aquí, lejos de mí.

Mamá, con su rostro siempre frío, empacó algo de mi ropa en una bolsa de plástico sin decirme una palabra. Me miró con severidad y me ordenó ponerme un suéter, advirtiendo que las noches seguían siendo frías, incluso en mayo. No pregunté a dónde íbamos, pero una pequeña chispa de esperanza se encendió dentro de mí. ¿Sería, quizás, una de esas aventuras familiares con las que tanto soñaba? Imaginé momentos de risa, de abrazos cálidos, de besos depositados suavemente en las mejillas, de una madre que, por un instante, me mirara con amor, y donde la comida fuese abundante, sabrosa y caliente.

A pesar de que, como siempre, no había habido desayuno para mí, saboreé el sorbo de café dulce que Papá dejó en su taza. El azúcar en el fondo, ese pequeño tesoro oculto, fue lo único dulce de mi mañana.

Después de un rato, Papá regresó renegando un poco por la tardanza, apresurándonos a subir al coche como si todo se estuviera desmoronando. A pesar de que apenas había amanecido y la bruma marina aún no se levantaba, él insistía en que ya era tarde. Me acomodé en el asiento trasero junto a la bolsa con mi ropa. Pregunté, con la ingenuidad que sólo la infancia permite, -"¿A dónde vamos?". Papá respondió bruscamente: -"Vamos por tía Lola. Tienes que portarte bien mientras no estemos."

No comprendí. ¿Dónde no vamos a estar? ¿Y por qué tenían que recordarme que me portara bien? Yo siempre me portaba bien. Pero me da gusto que vamos a la casa de la tía de mi papá. Es una casa grande, sobre un pequeño risco, frente al mar, con enormes ventanas y varias habitaciones donde parecía se escondían mil aventuras. Desde cualquier lugar de la sala o el comedor podía verse y escucharse el fuerte oleaje que, al reventar, hacía rodar las piedras que cubren la playa. A veces, me gustaba imaginar que esas rocas redondas eran pequeños "*trolls*" que vivían a la orilla del mar y jugaban saltando entre las olas.

Cuando llegamos, todo se movió como en una bruma extraña. El enorme portón de madera oscura, la única entrada y salida de la propiedad, a excepción de las crujientes y destartaladas escaleras de madera que dan hacia la playa, se abrió en respuesta al sonido del claxon y Papá manejó acercando el auto a la casa y luego lo apagó.

El señor que cuida los jardines y hace el mantenimiento de toda la casa saluda a Papá e indica que las maletas de Tía Lola están listas. Bajamos del auto y veo que Mamá toma la bolsa con mi ropa pero no su maleta o la de Papá.

Tal vez voy a cambiarme de ropa para el viaje.

Entramos a la casa y apenas crucé la puerta, el corazón me dio un vuelco. Tía Lola me lanzó una mirada de desdén mientras da indicaciones a sus empleados: el señor que abrió el portón y su esposa, la cocinera. Ella frunce el entrecejo y me indica que no vaya a romper nada. Luego, sale y se sube al coche. Papá toma las maletas de la tía y las mete en el portaequipaje, mientras él y Mamá se enfilan hacia el auto y yo los sigo. Volteo hacia la sala de la casa, y al ver la bolsa negra con mi ropa regreso corriendo, tomo la bolsa, y en eso escucho el rugir del motor al encenderse. Asustada salgo corriendo hacia el auto, gritando que esperen, ¡falto yo!

La desesperación me agobia y tirando la bolsa con ropa corro lo más rápido que mis delgadas piernas me permiten –"Esperen, esperen" pero el carro se aleja y el señor del mantenimiento cierra el portón con un estruendo que resonó en mi alma.

En sollozos y golpeando la madera con toda la fuerza que mis pequeños puños llenos de angustia podían generar, le rogué al jardinero que abriera el portón, convencida de que mis padres no se habían dado cuenta de que no iba con ellos. Él, con gesto serio, me dice: -"Recoge tu ropa y entra ya a la casa". Su esposa, la cocinera, sale y con voz fuerte y fría me dice: -"¡Yo no estoy para cuidar mocosos llorones, más vale que hagas caso!" Tomándome fuertemente del brazo me jala hacia lo que será mi habitación durante un tiempo desconocido para mí, mientras mis gritos de desesperación se pierden dentro de la enorme casa.

Arrastrándome del brazo, donde ya se aprecian las marcas de sus dedos, me lleva hasta una de las recámaras y me dice: -"¡Cállate!" "Acomoda tu ropa y hazte a la idea de que ni yo ni mi marido tenemos la obligación de cuidarte". Soltándome, da la vuelta y me deja sola en la habitación.

El silencio era absoluto. Lentamente, mis sollozos se apagaron pero el eco de mis gritos seguía resonando en mi mente mientras escuchaba como los empleados de la tía discutían que a ellos no les pagaban por cuidarme y que más valía que yo no molestara. No entiendo, ¿será que con las prisas Papá y Mamá no se han dado cuenta que no estoy en el coche? Tal vez hice algo malo, pero no recuerdo qué pudo ser. ¿Será que ya no me quieren?

Apenas tengo poco más de seis años, no creo que me hayan dejado voluntariamente. ¿Será que llevaron a tía Lola a algún mandado donde no pueden ir los niños? Tal vez a una cita médica. Sí, eso debe ser, sólo tengo que esperar a que vuelvan y nos iremos a casa.

Conforme pasaba el tiempo, permanecí sentada sobre la cama y, para entretenerme, en mi mente, empiezo a deletrear palabras que he aprendido. Cuando ya no encuentro palabras nuevas, cierro los ojos y cuento del uno al mil, pero parece que el tiempo no pasa y sigo buscando como mantenerme ocupada sin moverme y sin hacer ruido.

A medida que el día se desvanecía y las sombras del atardecer llenaban la habitación, el miedo se instaló en mi pecho con un peso abrumador. Las horas pasaron, y mi estómago vacío comenzó a reclamar, pero no me atreví a pedir nada. Temía molestar, temía ser vista.

El tiempo se alargaba, indefinido, en un abismo de soledad. Me obligué a no llorar más. Las lágrimas eran inútiles. Lo único que podía hacer era esperar. Quizás, tal vez, volverían por mí. Por fin, el hambre fue más fuerte que yo y caminando lentamente, sin hacer ruido, salí de la habitación ya casi en tinieblas y me dirigí a la cocina donde podía escuchar las voces de los sirvientes. Al entrar, la cocinera me señaló un plato sobre la mesa, cubierto con una servilleta de papel. Al acercarme, vi un sándwich raquítico (pero que a mis ojos se presentaba como un delicioso manjar) y una manzana. Recuerdo sus frías palabras diciéndome que comiera, pues ya no habría nada hasta mañana. Al escuchar esto sólo atiné a responder: – "Muchas gracias, no se preocupe, estoy segura que Papá y Mamá regresarán en cualquier momento".

Con una ligera mueca en su rostro, la cocinera me dice que me vaya haciendo a la idea, que ellos van a tardar y regresarán cuando puedan. Luego, en un gesto inesperadamente maternal, me pregunta si deseo que dejen una luz prendida en el pasillo. A pesar de que conozco esta casa, pues la hemos visitado en muchas ocasiones, le agradezco y le pido que sí, que por favor deje una luz.

No sabiendo bien qué es lo que pasa, pero entendiendo que hoy pasaré aquí la noche y que por eso Mamá puso ropa en una bolsa, termino de cenar, pongo mi plato en el fregadero y pregunto por el jabón para lavarlo. La cocinera me indica que ese es su trabajo, que lo deje y con rudeza me empuja hacia la salida de la cocina.

Nuevamente, sin hacer ruido, me dirijo a la habitación y me siento sobre la bella y pesada colcha que cubre la cama que, a mis ojos de niña, semeja clara y fina arena compactada ¡la cama es inmensa!

La habitación tiene una ventana grande cubierta con una gruesa cortina color beige, una cajonera donde reposa un gigantesco frasco de perfume Chanel No. 5, el favorito de la tía, y una puerta que da hacia un baño de mármol blanco y adornos dorados. Las llaves del lavabo y la regadera son doradas, el marco del bruñido espejo es dorado, incluso la perilla de la puerta es dorada. Grandes y blancas toallas ocupan la cubierta de un pequeño mueble, también blanco con manijas doradas y, a través del cristal que separa la bañera de la regadera veo blancas botellas que, asumo, contienen *shampoo* y jabón para el cuerpo.

Regresando a la habitación, cierro la puerta que da hacia el enorme pasillo, y sacando un pijama de la bolsa de plástico me dispongo a acostarme. El miedo y la soledad me invaden, no entiendo bien qué ha pasado, pero espero que Papá y Mamá regresen mañana. Dejando la luz prendida, me meto bajo las cobijas, hago una oración y trato de dormir.

A lo lejos, escucho el oleaje golpeando sobre las rocas, el olor a humedad y el crujir de la vieja madera que suena como lamentos antiguos tratando de escapar, y el latido de mi corazón que siente el miedo de la soledad en medio de esta casona. El cuarto de los sirvientes está al final de una de las alas de la casa, alejado de todo y estoy segura que si, dentro de mi miedo les llamase, ellos no escucharían mi llanto ni mi voz.

El pesado cobertor cumple su cometido y calienta mi pequeño y delgado cuerpo y ese calor se siente como unos brazos amorosos que me cubren; sin embargo, el miedo, la soledad, y el desconocimiento sobre qué pude haber hecho para que me dejaran me impide dormir y, tratando de suprimir los sollozos, dejo que las lágrimas corran por mis mejillas mojando el satín de las blancas sábanas.

Han pasado más de tres meses y sigo aquí. Todas las mañanas me levanto, tiendo la cama, voy a la cocina y veo sobre la mesa un plato con un huevo frito y una rebanada de pan, a un lado un vaso con agua. El huevo siempre está frío y, aunque he intentado levantarme muy temprano, nunca he logrado llegar cuando la cocinera está en la cocina.

Todas las noches lloro hasta pasar a un sueño inquieto del que despierto muchas veces. Nadie habla conmigo, nuevamente soy invisible. La soledad me abruma y siento que a nadie le importo. No sé qué ha pasado con mis padres, ni con mis hermanos. Mi hermano Franco iba a viajar a otra ciudad para presentar un examen en una universidad. No recuerdo la fecha exacta, pero creo que ya no está pues siento que hubiera encontrado la manera de venir a verme. Aunque tal vez no sabe dónde estoy y piensa que me fui con Mamá y Papá. Mi único compañero de juegos es un gato viejo y agresivo que no se deja acariciar y siempre que trato de acercarme me rasguña.

Sin embargo, no todo es malo, a los pocos días de estar en esta soledad, encontré una habitación con estantes llenos de libros. La mayoría está en inglés o en francés, pero encontré unos pocos en español. También hay algunas revistas con ilustraciones de herramientas o partes para barcos, pero lo mejor son unos libros grandes y pesados ¡llenos de mapas de todo el mundo! Mapas con colores distintos para cada país; vienen nombres de ciudades de las que nunca había escuchado, y algunos traen fotos de lugares extraños y lejanos. Es en esta habitación donde paso la mayor parte del tiempo y sueño con algún día conocer algunas ciudades cuyos nombres he leído en esos bellos libros.

He visto una bella imagen de la Torre Eiffel en Paris. Otra del Big Ben en Londres y he buscado la ubicación del puerto inglés de Southampton, lugar donde nació el abuelo de Papá y desde donde hizo una larga travesía por el Atlántico hasta Tierra del Fuego, rodeando América del Sur y navegando por el Océano Pacífico hasta su destino final, San Francisco, California, para entregar dos embarcaciones de carga, regalo de la Reina de Inglaterra al Gobierno de los Estados Unidos de América.

Pero uno de los lugares que más llamó mi atención fue una isla ubicada entre el Reino Unido y la parte norte de Europa llamada Islandia. La que, según estos bellos libros, es la "Tierra de Hielo y Fuego" pues tiene volcanes activos, glaciares impresionantes, miles de cascadas de agua cristalina; carece de bosques o zonas con árboles frutales, pero presenta paisajes novelescos y dignos de historias de fantasía nórdica. Un lugar donde, gran parte del año, puede apreciarse un fenómeno inigualable llamado Auroras Boreales –¡bellas luces nocturnas que danzan en el cielo con tonos verdes, rosados e incluso leves matices azulados! Y así, llenando mi cabeza de posibilidades, pasan los días.

Hoy es viernes y los sirvientes, después de preparar el sándwich para mi cena y ponerlo tapado con un plato volteado sobre la mesa (ya que el gato un día me dejó sin cenar), sin decir palabra, salen de la casa cerrando el portón con llave y dejándome en completa soledad.

Ellos regresarán hasta el lunes por la mañana y así es como voy contando cuánto tiempo tengo aquí. Ya no habrá huevo frito ni sándwich durante dos días, pero encontré la barra de pan y la mantequilla y eso es un manjar cuando tengo hambre. Además, a veces, dejan manzanas en el frutero y siempre hay agua para beber.

Sigo llorando todas las noches. Me he resignado y ya no espero que vuelvan por mí, pero sigo sin entender qué hice para que me cambiaran por la tía. Sin embargo, los libros han sido una bendición y compañía en mi soledad. Hoy he terminado un libro titulado "**Llámalo sueño**", del autor Henry Roth y he disfrutado leer sobre ese niño judío que crece en un entorno familiar diferente en una zona identificada como *ghetto* y admiro su resiliencia. Casi puedo imaginar las calles llenas de gente hablando en diferentes idiomas, con costumbres distintas y el temor de la falta de recursos.

Me siento muy afortunada de saber leer antes de haber ido ni siquiera un día a la escuela. Hace un par de años mis padres trajeron a casa a una niña que tenía más del doble de mi edad pero que nunca había ido a la escuela, pues su familia vivía en una sierra y sólo bajaban a una ranchería a surtir su despensa una vez al mes. Ella no sabía leer ni escribir y Mamá se sentaba todas las tardes a repetirle letras, palabras, números. Mientras, yo me escondía debajo de la mesa y repetía en mi mente lo que se le estaba enseñando; luego, cuando acababan las lecciones, tomaba yo sus libros para ver los trazos e identificar las letras. ¡Y todo tenía sentido cuando miraba palabras completas!

Hace un mes cumplí siete años pero no hubo nadie a quien se lo pudiera decir. En la misma habitación de los libros encontré periódicos viejos y algunos lápices. Para mi cumpleaños, dibujé sobre un periódico un hermoso pastel de tres niveles con siete velitas prendidas y, aunque no tenía colores, imaginé un delicioso pan de chocolate y betún de vainilla escarchado con coco.

A veces, pienso que si yo muriera ya no sentiría esta soledad, este no importarle a nadie, ya no sentiría nada. A veces salgo y camino hacia el risco frente al mar, quisiera ser valiente y terminar con todo, pero pienso que si me dejo caer y no muero de inmediato pasaran horas antes de que me encuentren y, al imaginarme el dolor de huesos rotos, que debe ser mucho peor que los pellizcos y maltratos que solía darme mi hermana, me aferro a la vida y opto por la soledad.

Me duele, duele mucho esta soledad. Y es en este momento que mi corazón pregunta: ¿Por qué nadie me quiere?

Hoy ha sonado el teléfono en casa de Tía Lola y la sirvienta viene a buscarme al cuarto donde paso las horas viendo, a través de la ventana, a unas ardillas juguetear sobre unas rocas y esconderse en los arbustos ubicados en esa zona de la propiedad. Ella me indica que un hombre me está llamando y que no me tarde porque las llamadas telefónicas cuestan mucho dinero. Con asombro, y un poco de temor, me encamino hacia el pasillo donde, sobre una hermosa mesa de madera con adornos dorados se encuentra el negro teléfono con su disco para el marcado de cada dígito. Al tomar el teléfono y contestar escucho la voz de un hombre que me dice: "¡Hola mi niña! Franco me ha pedido que te llame para saber cómo estás".

La sorpresa hace que mis lágrimas y sollozos surjan como un río desbocado, es "Chuy", uno de los mejores amigos de mi hermano Franco y quien ha sido siempre como otro hermano para mí. Chuy pasa mucho tiempo en casa de mis padres pues él y mis hermanos tocan la guitarra y tienen una especie de grupo musical. Él maneja una bella motocicleta negra y en varias ocasiones me ha paseado en ella con permiso de Papá.

El vuelve a preguntar si estoy bien y le digo que tengo mucho tiempo allí, que estoy sola, que no sé dónde están mis padres ni mis hermanos, que tengo miedo y pienso que mis padres me abandonaron. Preocupado, trata de calmarme y me dice que el domingo irá a visitarme. Le explico que los fines de semana los sirvientes se van y que el portón y las puertas de la casa quedan cerrados con llave, sin embargo, él me dice que no me preocupe, y pregunta si hay alguna otra puerta que yo pueda abrir. Le comento que puedo abrir las puertas corredizas que dan hacia el patio frente al mar. Entonces, él me dice que rodeará por la zona de playa e irá a verme y que me llevará una sorpresa.

Los siguientes días la ansiedad me consume y a veces pienso que, en mi soledad, he imaginado esa llamada. Llega el viernes y, como siempre, los sirvientes se van sin decir palabra y dejándome sola. Pero esta vez me da gusto y espero el domingo como si fuera el día de Navidad.

Esa mañana, me baño, busco la ropa más limpia que tengo, aunque como la he tenido que lavar a mano en el lavabo, está un poco arrugada y creo no ha quedado muy limpia. Me peino y me siento en la sala viendo hacia el mar y escuchando el oleaje. A lo lejos, donde se puede ver la silueta de Isla Todos Santos, me esfuerzo para ver si alcanzo a mirar la bella luz de un faro, la que he visto algunas noches, y semeja una estrella brillando que me recuerda al Hada Azul del cuento de Pinocho. Sin embargo, es aún temprano y no alcanzo a verla.

Alrededor de las cuatro de la tarde escucho el rugir de una moto, salgo corriendo hacia el portón y, a través de la rendija que une las dos puertas, veo al amigo de mi hermano descender de su moto y llorando grito su nombre: "¡Chuy, Chuy, aquí estoy!". A través del portón él me dice que no llore, que va a rodear la propiedad y que me ve en el patio frente al mar.

Corro hacia el patio y, al cabo de unos minutos que parecen eternos, él aparece subiendo las destartaladas escaleras de madera que bajan hacia la playa. Lo abrazo y no puedo dejar de llorar. Le pregunto cómo me encontró y me dice que mi hermano Franco le llamó desde otra ciudad y le pidió que fuese a buscarme, que me llevara un libro de colorear y algunas golosinas y que, por favor, se asegurara de que yo estaba bien.

Nuestro amigo, mi casi hermano mayor, se sorprende al enterarse que tengo ya más de tres meses allí y que los sirvientes me dejan sola durante los fines de semana. Luego, me pregunta que si ya comí y le digo que no desde el viernes pues no había pan ni manzanas. Creo que eso le enoja pues su rostro se transforma y enrojece, respirando lentamente por unos segundos, y luego, con una sonrisa, me dice que me ponga un sweater y que iremos a comer algo. Luego, me toma de la mano y con cuidado me ayuda a bajar los escalones hacia la playa, asegurándose de que la puerta corrediza de la sala no se cierre. Después de caminar un rato llegamos hasta su moto y, subiéndonos, me dice que me agarre fuerte a su cintura y enfilamos hacia la carretera.

Siento el vibrar del motor y el aire que hace revolotear mi cabello, pero no siento miedo pues he paseado en esa moto muchas veces y mi corazón rebosa de alegría al saber que mi hermano Franco ha enviado a un ángel a cuidarme este día. Chuy me lleva a un pequeño restaurante famoso por sus flautas y pide una orden y un refresco para mí, y un café para él. Llega la comida y casi lloro al saborear ese rico manjar, las crocantes flautas de dorada tortilla de maíz cubiertas de lechuga, queso, crema y una ligera salsa de tomate son exquisitas. Cuando no puedo comer más, salimos del restaurante y me lleva a pasear por algunas calles del centro de la ciudad.

Después de unas horas, pasamos a una pequeña tienda de abarrotes y me compra unas golosinas y unos libros de historietas infantiles. Ha sido un día especial. El miedo y la soledad se han alejado por algunas horas y el amor de mi hermano se ha manifestado a través del cariño de su amigo.

Con un poco de tristeza veo que el sol empieza a descender y sé que tenemos que emprender el regreso. Nuevamente, al llegar a la casona de la playa, me toma de la mano y rodeando la propiedad llegamos al patio donde se asegura de revisar toda la casa y prende algunas luces.

Luego, de entre su chamarra saca una bolsa con un bello libro para colorear y una caja de colores de cera y me los entrega de parte de Franco. Mi sonrisa es tan grande y le pido que le diga a Franco que "estoy bien y que lo extraño mucho". Luego, con un gesto triste en su rostro, se hinca frente a mí, me abraza fuertemente, y me pide que sea valiente, que yo puedo con eso y mucho más y que en el libro apuntó el número de teléfono de su casa, que si algo pasa le marque y él vendrá por mí.

En ese momento, y al saber que dentro de unos minutos nuevamente estaré sola en esa enorme casona, el miedo y la tristeza me invaden y me abrazo a su cuello llorando desconsoladamente. El me envuelve en sus fuertes brazos y haciendo sonidos tranquilizantes me dice que tiene que irse pero que pronto volverá. Lentamente, se pone de pie, camina hacia el exterior y cerrando la puerta corrediza me hace señas para que le ponga el seguro. Obedeciendo, cierro la puerta y levanto mi pequeña mano en señal de despedida mientras veo su figura desaparecer en las viejas escaleras de madera que van hacia el mar. A lo lejos, como una luz de esperanza y fortaleza, veo la luz del faro en su eterno girar.

Hoy, no fui invisible. Hoy, por breves horas, me sentí menos sola, aunque sé que mañana volveré a estarlo. Hoy, fui feliz.

My happiness has gone,
Friends I have none
None to talk to
Nothing I can do
I have nothing to gain
So I should silence the pain
I am a lonely outcast
I won't be able to last
I don't know why I'm here
I'm sure my end is near
I may as well just die
So here is my goodbye

Poema "The Lonely Child", author Jon Evans
Publicado por PoemHunter.com, sin fecha
https://www.poemhunter.com/poem/the-lonely-child-2/

CAPITULO 3

BAÚL DE ODIO

Han pasado casi cuatro meses desde que dejé la casa de Tía Lola. La vida en casa ha retomado su cauce, o al menos eso aparenta. Franco se ha marchado a la universidad, a una ciudad distante, y su ausencia pesa en el aire como una herida abierta. Lo extraño con la desesperación de quien ha perdido su único refugio. Cuento los días, las horas, esperando que regrese para llenar de nuevo el vacío que ha dejado su partida.

Hoy es domingo, un día que debería sentirse como cualquier otro, pero algo distinto flota en el ambiente. Mi padre, que siempre dormía hasta el mediodía debido a su trabajo nocturno, ya está levantado, y Mamá se arregla para salir. Hay algo inquietante en la normalidad rota, una pausa en la rutina que no alcanzo a comprender, pero que me hace sentir pequeña e indefensa. Como si algo terrible estuviera por suceder.

Papá me llama desde la mesa y me ofrece la mitad de un panqueque con azúcar y un trozo de tocino, un gesto que solía llenarme de felicidad, pero hoy, ni siquiera el sabor dulce logra apartar la sensación de que algo no está bien. Poco después, escucho sus palabras al dirigirse a mis hermanos, Marelia, quien ya tiene quince años, y Bernardo, con dieciséis. -"Cuídenla," dice, como si esa orden pudiera protegerme de lo que viene.

Al irse, la casa parece quedarse en suspenso, llena de un silencio que se estira. Marelia y Bernardo me ignoran, como siempre. Me siento en el suelo de la sala, con mis lápices de colores, intentando perderme en mis dibujos, en esos mundos donde las sombras no alcanzan a llegar. Pero pronto el aire cambia, se vuelve más pesado. Marelia me llama desde la cocina, su voz teñida de una dulzura fingida que me hace estremecer.

"Ven aquí. Vamos a jugar", dice, con una sonrisa que nunca llega a sus ojos. Sé que el juego nunca es lo que parece. Sé que, tras sus palabras, siempre hay una trampa.

Obedezco, porque no sé hacer otra cosa. Marelia me mira con ese desprecio que se siente como un veneno silencioso. Me ordena limpiar la cocina, una tarea que bajo su mirada siempre se convierte en un tormento. Mientras mis manos trabajan, siento su sombra sobre mí, observando, esperando. Pero lo peor aún está por llegar.

De repente, me agarra del brazo con una fuerza que me sorprende. Me arrastra hacia la habitación de mis hermanos, donde el guardarropa de madera se cierne como una amenaza. Ese mueble oscuro siempre ha sido un lugar lleno de pesadillas donde Papá, en varias ocasiones, ha matado alacranes. Un rincón que he aprendido a evitar, pero ahora, Marelia lo convierte en mi cárcel.

"Vamos a jugar un juego", repite, con una maldad que me paraliza. Me empuja hacia el interior del viejo baúl de metal y madera, pesado y polvoriento, que yace en la penumbra, y mi corazón se acelera. El pánico comienza a tomar forma, pero antes de que pueda gritar, Marelia cierra la tapa con un golpe seco. El eco del candado cerrándose es el sonido de mi condena. Y luego, como acto final, escuché como la puerta del guardarropa se cerraba.

"¡Marelia! Por favor... por favor, sácame de aquí", grito, mi voz quebrándose entre lágrimas. Pero ella sólo ríe, una risa fría, distante, que me hace sentir más sola de lo que jamás había imaginado. La oscuridad es total, el aire se vuelve pesado y mis pulmones no logran llenarse. El espacio es tan reducido que no puedo moverme. Grito, pero mis palabras parecen disolverse en la nada, como si el mundo entero hubiera decidido olvidarme.

El terror pronto se convierte en algo más profundo, más visceral. Las paredes del baúl parecen estrecharse, y el aire se esfuma. Mi mente colapsa, y siento que el universo se reduce a esa pequeña caja, a esa oscuridad interminable. El primer ataque de claustrofobia me arrolla con la violencia de una tormenta. Golpeo la tapa, desesperada, pero el mundo afuera sigue sordo a mis súplicas. Mi cuerpo, en su agonía, se rinde y me pierdo en la negrura que me envuelve.

Despierto en la misma oscuridad, desorientada, rota. No sé cuánto tiempo ha pasado. El frío de la madera ha penetrado en mis huesos, y el dolor es insoportable. Mi garganta está seca de tanto gritar, mi cuerpo acalambrado por el encierro. Empiezo a delirar, a sentir que hay criaturas caminando sobre mí, insectos, alacranes, fantasmas. Y en ese abismo, mi mente se fragmenta en mil pedazos y pierdo la cordura.

El terror es tan grande que ya ni siquiera puedo llorar. Sólo siento el calor de mis propios orines entre las piernas. La humillación, el miedo, todo se mezcla en una angustia que se alarga y parece no tener fin.

Finalmente, después de lo que, a mi mente rota parecen siglos, escucho pasos. Marelia y Bernardo regresan, pero la esperanza se mezcla con un miedo profundo. ¿Qué me harán ahora?

Cuando por fin se abre la tapa del baúl, la luz me ciega. Apenas puedo moverme, mis piernas no responden y el cuerpo me tiembla sin control. Papá está ahí, su voz grave llena de furia, pero en ese momento, ninguna reprimenda puede sanar lo que ha sido destrozado permanentemente en mí. Marelia y Bernardo no reciben castigo alguno, y yo no recibo consuelo, no el que yo necesito. Y esa noche, cuando me acuesto, la oscuridad sigue acechando, porque ha echado raíces en mi interior. Nada podrá borrar el terror indescriptible de esas nueve horas en la oscuridad.

Las sombras del guardarropa, el baúl, la opresión... ya no me abandonarán nunca más.

Vivir con el constante temor de ser olvidada, de quedar atrapada nuevamente, de la oscuridad, se convirtió en una parte dolorosa de mi vida.

A partir de ese día, mi mente se desbocaba en los momentos menos pensados. La claustrofobia dio paso a la agorafobia y cada día experimentaba ataques de miedo y ansiedad en todos los sitios. Durante los siguientes años, en la escuela, donde las ventanas eran altas y no permitían ver hacia afuera, sufría cada vez que el maestro cerraba la puerta y las lágrimas se volvieron mis compañeras constantes. Mi cuerpo empezó a cubrirse de ronchas que me causaban una comezón imposible de soportar y mis ojos, boca y cuello mostraban zonas descamadas, secas e inflamadas por el estrés.

Los ataques de claustrofobia se intensificaban y aún mi pequeño refugio se había vuelto mi enemigo pues, ahora, sólo podía estar allí mientras había luz de día y con la puerta abierta. Esto dio pie nuevamente a las burlas y muestras de odio de Marelia, quien no perdía oportunidad para atorar la puerta por fuera al mirarme dentro de mi refugio. Por lo que mi miedo al encierro se acrecentaba día a día. Ahora, optaba por pasar largas horas sentada en el patio trasero, sin importar el clima prevalente, tratando de pasar desapercibida para evitar ser objeto de los actos de maldad de Marelia.

En las noches, ya no podía dormir debajo de la cama y menos con la luz apagada, por lo que me mantenía despierta lo más que podía y me escabullía al sofá de la sala donde pasaba horas con la vista clavada en la tenue luz que se filtraba a través de la ventana.

Mis maestros empezaron a notar las oscuras ojeras que rodeaban mi rostro y mis constantes ojos enrojecidos e hinchados de tanto llorar. Sin embargo, cuando me preguntaban que qué pasaba, sólo les decía que me dolía la cabeza. Fue tanto el cambio en mi personalidad que empezaron a mandar notas a casa, las que nunca entregué por miedo a un castigo.

Seguí esforzándome por tener las mejores calificaciones, pero el esfuerzo de mantenerme despierta empezó a causar estragos y, por ende, mis calificaciones bajaron ligeramente. Por primera vez en mis pocos años asistiendo a la escuela, una maestra me castigó pues el cansancio me venció y me quedé dormida en clase. Desperté al sentir un golpe con una regla de madera en mi brazo y, en una muestra de autoritarismo y falta de comprensión, la maestra me obligó a ponerme de pie, presentar las palmas de las manos, y a recibir veinte golpes con la regla.

Más que el dolor, la humillación del castigo en el único lugar donde me sentía segura, donde yo era alguien, donde mis maestros siempre me habían mostrado cariño, fue una piedra más al duro costal en que, a mis casi ocho años, se había convertido mi vida.

Y nuevamente, la idea de morir se presentaba como una posible salida. Simplemente, desaparecer de la vida y mente de todos. Permitir que todos siguieran su vida sin que yo fuese un estorbo en ella, y sobre todo, dejar de tener este miedo que congelaba mi alma y acababa con mi fuerza cada día.

Así como las cicatrices que marcaban mi brazo, pierna y costado eran parte imposible de remover, la claustrofobia pasó a ocupar todo mi pensamiento, cada minuto despierta y cada intento de dormir. Los pocos momentos alegres habían dado paso a un estrés constante para preparar mi mente para cualquier situación que implicase un lugar cerrado, poca iluminación, un cerrojo, una puerta, un rincón oscuro, la inmovilidad… la puesta del sol.

Ese, hasta entonces, bello y esperado momento donde el sol refleja sus últimos rayos despidiéndose del día y obsequiándonos con pinceladas de hermosos tonos naranjas, rosados, azules o violáceos, era ahora el punto de mayor ansiedad pues venía seguido por la noche, la que al llevarse la luz, me hacía pensar en el interior de un ataúd impidiendo la vida.

CLAUSTROPHOBIA

Tapping the ceiling
My fingers burn
I have this feeling
That I'm not heard
I'm touching the walls
And my fingers hurt
What rising falls
In our pile of dirt
My screaming is unheard
And I feel the pain
Clear wings of a bird
Flying above me in the rain
My body is screaming
I've fallen so deep
Everything is dying
I don't want to sleep

I hit all the sides
I'm trying to escape
I hit all the lies, all the cries, all the smiles that hide
With me…

I'm stuck here forever
I don't want to live
I wish that I never
Took, and took instead of give

My fingers are bleeding
From a failed escape to this
For all this feeling
A darkness's touch like a kiss
My fingers are numb
I can't go on my screams
I can't even move a thumb
I'm lost in my dreams

I'm lying here alone
I'm buried alive
I'm tired of feeling, tired of grieving, praying to be cold as stone

Please…

Autor: A Dark Lifetime
Fecha de publicación: 4 de abril, 2012
https://www.poemhunter.com/poem/claustrophobia-3/#google_vignette

CAPÍTULO 4

PERROS

Como todas las mañanas, antes de abrir los ojos, contengo la respiración. Escucho. Esos sonidos familiares del mundo más allá de mi cama me revelan qué clase de día será. La voz de Mamá, distante y áspera, llamando a Marelia y Bernardo desde la cocina, el eco monótono de los autos que pasan cerca, el claxon del camión de agua potable que resuena como una punzada en mis oídos, y los gritos de las vecinas, llamando al chofer con su habitual "¡aguaaaa!". Hoy, sin embargo, debería ser diferente. Hoy empiezo la escuela primaria. Pero esa ilusión, que arde en mí como un fuego tímido, parece apagarse lentamente en el ambiente que me rodea.

Recuerdo el verano, cuando Franco vino de vacaciones y me llevó a inscribirme. Me sentí pequeña e insignificante frente a la enormidad del salón de exámenes, con sus paredes frías y niños desconocidos. Franco, siempre tan amoroso, me había dicho que no me preocupara, que ya sabía mucho más que otros niños. Yo no estaba segura. Sabía leer, escribir, hacer cuentas, incluso algo de inglés, pero en el fondo sentía que no encajaba, que quizá no pertenecía a ese lugar.

Mi ansiedad creció mientras coloreaba círculos y recortaba líneas con unas tijeras sin filo, esperando el momento de ser evaluada realmente. Cada vez que miraba a través de las ventanas y veía la cabeza de Franco asomándose, haciendo caras graciosas para tranquilizarme, una mezcla de alivio y desesperación me inundaba. Sabía que mi familia no compartía ese pequeño triunfo.

Franco me dijo que él se quedaría todo el tiempo afuera de la escuela y que me estaría esperando cuando yo saliera al terminar mi examen. A pesar de eso, los nervios me provocaban congoja y ganas de llorar. Veía a los demás niños llegar con sus mamás, algunos con mamá y papá, otros lloraban; algunos, con hermanos ya en la escuela, se comportaban como si ya conocieran el lugar y no parecían nerviosos.

Cuando llegamos a casa y Franco, lleno de orgullo, alardeó sobre mi examen, el vacío en los ojos de Mamá y mi hermana fue como un balde de agua helada. No les importaba. La indiferencia de mi madre perforó mi alegría, pero Franco, siempre dispuesto a protegerme, seguía celebrando mi logro. Mi pequeño rayo de sol se mantuvo encendido, aunque tenuemente.

Un día antes de que mi hermano se regresara a la ciudad donde ahora vivía, fuimos caminando nuevamente a la escuela a revisar las listas y sí, ¡mi nombre aparecía entre los niños que habían sido aceptados a cursar el primer año de educación primaria!

Sin embargo, todo cambió cuando vi la lista de útiles escolares. Esa larga hoja me ahogó. Sabía lo que eso significaba. En casa sólo se escuchaba a Mamá quejarse de que no había dinero, Papá regañándonos por dejar encendidas las luces, mi hermana lamentándose porque no podría estrenar vestido para la próxima fiesta. En mi mente, vi cómo mis sueños se desvanecían antes de haber siquiera comenzado. El deseo de aprender, de tener esos libros que otros niños ya tenían, se convirtió en un anhelo doloroso, como una herida abierta que no dejaría de sangrar.

Camino a casa, las lágrimas rodaban por mis mejillas, el nudo en mi garganta se hacía insoportable. Le dije a Franco que sabía que no habría dinero para mis útiles. Él, con la paciencia que siempre me mostraba, me abrazó y me prometió que haría lo necesario para que nada me faltara. Pero ese miedo persistía en mi pecho, implacable.

Y cuando Papá, de manera inesperada, nos llevó a la librería y compró todos los útiles —incluso una mochila azul que superaba cualquier sueño que hubiera tenido—, sentí que el mundo se desmoronaba bajo mis pies por una razón diferente. Sabía que Papá no estaría cuando más lo necesitara. Después de ese día, se fue de cacería y no volvió hasta mucho después de que yo ya había empezado la escuela.

Mamá, cada día más irritable, apenas me hablaba. Las cosas llegaron a tal punto que yo me salía por la mañana sin hacer ruido, y obvio sin comer nada, y me iba a la escuela donde trataba de que alguna de mis compañeras me regalara una mordida de su *sándwich*, o de las frituras de harina que podían comprarse con una moneda de cobre de 0.20 centavos, conocidas como "duros" y que se pedían con abundante chile y limón. ¡Siempre tenía hambre! ¡Y ni siquiera había agua para tomar pues esa se tenía que pedir en la dirección de la escuela!

La escuela se convirtió en mi único refugio, pero aún allí me sentía invisible, una sombra a la que apenas se le permitía existir.

Recuerdo con terror el día en que un perro me atacó camino a la escuela. Sus dientes desgarraron mi pierna mientras gritaba, desesperada, sin que nadie viniera a ayudarme. Un compañero me salvó del animal, pero el dolor y el miedo se apoderaron de mí.

Al entrar al salón, mi maestra pregunta que por qué llegaba tarde y llena de tierra, por lo que volví a soltar el llanto y le dije que un perro me había atacado y mordido camino a la escuela. Ella, sin decir alguna palabra de consuelo, me indicó que fuese a la dirección y que informara a la secretaria lo que había pasado. Una vez allí, la secretaría lavó la herida con agua oxigenada y puso una gasa sostenida con cinta quirúrgica mientras me indicaba que lo mejor era que me fuese a casa para que me llevasen al médico, pues era obvio que la herida requería un tratamiento médico más especializado.

Llorando, le pedí que por favor me dejase quedarme, que mi papá se encontraba de viaje y que no había quién me llevara al médico. Moviendo la cabeza en señal de frustración, me dijo que regresara al salón y que tratara de no correr o lastimarme.

Debido a que la herida fue atendida de manera superficial, pasé días con fiebre y la pierna roja e hinchada, sintiendo cómo la infección avanzaba. Nadie en casa lo notó. Nadie me miró. Y seguí yendo a clases aunque me sentía desfallecer.

Sin embargo, casi al final del tercer día y ante insistencia de la maestra, el director me lleva a casa en su auto y le explica a Mamá lo que pasó. Al irse el director, Mamá me mira y mueve su cabeza mientras me dice que me vaya a mi cuarto. No se vuelve a tocar el tema del perro. Sin embargo, esa noche, casi a la hora de dormir, Mamá entra al cuarto y me entrega un frasco de Vicks, como si eso fuera suficiente para sanar algo mucho más profundo que la herida física.

Me siento tan sola sin Papá o mi hermano Franco, pues aunque Papá es muy serio y no le gusta que lo abrace (tampoco él nos abraza nunca), y sólo permite que le bese el dorso de la mano como gesto de respeto y cariño, estoy segura que él me hubiera llevado al médico para que revisaran la herida. ¡Y no se diga Franco! El de inmediato hubiera buscado la manera de llevarme con algún médico. Pero agradezco que Mamá no se haya enojado.

Sin embargo, el tiempo transcurría y Papá no regresaba, mi herida había cicatrizado y ya no dolía a menos que me golpeara, pero las cosas en casa iban de mal en peor. Mamá cada vez estaba más enojada y sólo hablaba con Marelia. Constantemente la escuchaba comentar que se sentía muy infeliz. Que ella no quería seguir viviendo en esta ciudad donde todo eran carencias.

En cuanto yo entraba en casa me decía que me largara, que no quería verme, que dejara de estorbar. Obedeciendo y tratando de evitar su ira, me refugiaba en el pequeño cuarto al fondo del patio y leía y releía mis libros de texto, los que terminé en el primer mes de clases al igual que todos los ejercicios, y luego seguía con las revistas de historietas que ya casi sabía de memoria. Procuraba no hacer ruido, no prender la luz, ser invisible para no tener problemas. A veces, el calor era agobiante en ese pequeño cuarto de madera y sentía un sueño letárgico y una pesadez desesperante, sin embargo, todo era preferible a hacer enojar a Mamá.

Uno de esos días, al llegar de la escuela, me encaminé al rincón del comedor donde todos los días encontraba mi plato de sopa de fideos, de esas latas con etiqueta blanca y roja, que era mi alimento la mayoría de las veces, sin embargo, no había nada –ni la mesa, ni el plato con sopa, nada que pudiera parecer comida para mí.

De pronto, escuché voces y sollozos en el cuarto que compartía con mi hermana, me encamino hacia allá y al entrar

veo a Mamá llorando, sentada en la cama, y a Marelia junto a ella. Al no saber qué había ocurrido, el temor, la torpeza, y mi corta edad hicieron que, sin pensar en las consecuencias, ni preguntar qué era lo que sucedía ante el cuadro que tenía frente a mí, sólo logré balbucear: "¿Qué hay de comer?" – ¡TONTA! Como si no supiera que, como siempre, no debía preguntar.

Ante estas palabras, el rencor de mamá estalló en una escena que revivo cada noche. Con furia inimaginable, poniéndose de pie, me toma del frente de mi blanca camisa escolar y me levanta en vilo, como un sueño veo los botones de la blusa salir disparados debido al jalón y siento que mi cuerpo es lanzado hacia la puerta de la recámara. Golpeo la puerta con mi espalda y cabeza y el dolor me hace gemir mientras caigo al piso sintiendo que el mundo se oscurece, de pronto, siento dos fuertes patadas en mi vientre y piernas que me impiden respirar y escucho: -"YO NO TENGO PORQUE DARLE DE COMER A LOS PERROS. LÁRGATE. NO QUIERO VERTE".

Me llamó perro. Un perro. Algo que no merecía ni siquiera la miseria de un plato de sopa. Salí de allí llorando, con el cuerpo magullado y el corazón desgarrado. En mi pequeño refugio, el dolor me envolvió, y me pregunté una y otra vez: ¡No soy un perro, soy una niña! Tengo hambre, sed, ganas de cariño y apoyo. Dios, no entiendo, no entiendo. ¿Por qué no me quieren? ¿Por qué no me quieren? ¿Qué he hecho mal?

"Debo ser estúpida, debo ser muy mala,
¿Por qué otro motivo Mamá está enojada?
Quisiera ser mejor, quisiera fea no estar,
entonces tal vez mami me quiera abrazar..."

Historia de Sarah. Reflexión sobre el maltrato infantil. 28 octubre, 2010. https://www.slideshare.net/slideshow/reflexin-sobre-el-maltrato-infantil/5599577

CAPITULO 5

DÍA DE LAS MADRES

¡Qué emoción! Hoy es un día especial. ¡El Día de las Madres! En mi escuela hemos preparado un festival. Durante los últimos tres meses, con mis pequeñas manos, he bordado un delantal a cuadros amarillo y blanco con tres flores rojas. La mamá de mi mejor amiga tuvo la amabilidad de lavarlo y plancharlo. Luego, lo envolvió en una caja de regalo, con un papel decorado tan hermoso que sólo podía imaginar la alegría de Mamá al recibirlo. Me la imaginaba usándolo cada día, con una sonrisa en su rostro.

Lo que Mamá no sabe, es que también me eligieron para declamar un poema frente a toda la escuela. Lo he ensayado hasta el cansancio. Hoy, tal vez hoy, al ver su regalo y escuchar mi voz temblorosa recitando, se dará cuenta de cuánto la quiero. Tal vez me abrace… tal vez, por fin, me diga que me ama. Hoy sí, seguro que hoy lo hará.

La escuela está decorada como si fuera una fiesta. El conserje ha colgado papel picado de colores vivos y ha dispuesto una mesa con refrescos y galletas para que las mamás las disfruten. Me emociona imaginar que Mamá podría compartir su galleta conmigo, pero luego recuerdo: este día es para ella, no para mí.

Empiezan a llegar las mamás, una tras otra, con sus vestidos elegantes y sonrisas brillantes. Mi corazón se llena de esperanza. ¿Vendrá con su vestido blanco? ¿O quizá con su pantalón negro y el suéter gris que le queda tan bien? Me siento orgullosa sólo de imaginar su rostro cuando el director la llame y yo recite ese poema que tanto me he esforzado en memorizar. ¡Seguro se sentirá feliz de ser mi madre!

El hambre me retuerce el estómago y la cabeza me duele. Ayer no pude comer nada. Papá coció huesos y sobras para los perros, y el olor inundó la cocina. Me quedé un rato observando, deseando poder probar un poco, pero Marelia me corrió de allí, diciéndome que era más enfadosa que los propios perros. Sólo quería un bocado, un poco de alivio.

La maestra nos hace formar en las gradas. Le pido unos minutos más; mamá no ha llegado aún. Ella me dice que no podemos esperar, y avanzamos a nuestros lugares designados. Los niños de kindergarten empiezan a bailar, tan felices, con sus trajes coloridos, moviéndose con alegría que llena el aire de risas como gorjeos de bellas aves.

Mi grupo también bailará, un son jarocho. La maestra me prestó el traje de su hija, un vestido blanco con un gran holán negro con estampado de flores. ¡El traje era hermoso! Y la corona de flores que trajo la maestra para mí era el complemento perfecto. Yo llevaba zapatos negros, porque no había manera de pedir unos blancos. Aun así, sentí que flotaba al danzar, imaginando que mamá me veía desde alguna parte, orgullosa.

Me sentí como si estuviera en un foro profesional al salir con mis compañeras a bailar. Los movimientos de oleaje que producían nuestras faldas al compás del batir de nuestras manos parecían como ver danzar al mar frente a las costas de blanca arena. Era un son alegre y entusiasta y todos los asistentes aplaudieron mucho al finalizar la presentación.

Pero cuando el baile terminó y busqué su rostro entre la multitud, no la encontré.

El momento de la poesía llegó. Con el corazón palpitante, tomé el micrófono. Mis ojos recorrieron a los asistentes. Busqué y busqué, pero Mamá no estaba. "Tal vez esté en la parte de atrá" me digo, tal vez no pude verla. Inhalo despacio, intentando contener las lágrimas. Recito el poema con toda la emoción que puedo reunir, esperando que, en algún momento, ella aparezca. Al terminar, los aplausos llenan el patio. Adultos y niños sonríen, algunas madres incluso lloran. Pero mi madre no está.

La maestra toma el micrófono y, con una sonrisa, anuncia que mi madre debe pasar al frente para recibir su regalo. Un silencio incómodo lo envuelve todo. Mi corazón late tan fuerte que siento que todos pueden escucharlo. La maestra repite su llamado, pero mamá no aparece. Los susurros se propagan entre la gente, algunas risitas de los niños llegan a mis oídos, y el dolor en mi pecho se convierte en una garra que hace trizas mi corazón.

La maestra, intentando ocultar su incomodidad, dice que mamá no ha podido venir, pero que ella recibirá el regalo en su nombre. Me abraza suavemente, pero sus palabras de consuelo se pierden en el vacío de mi dolor. Me entrega la caja con el delantal, asegurándome que a mamá le encantará. No lo entiendo. ¿Por qué no vino? ¿Por qué no quiso estar aquí?

Y nuevamente, la maestra pide un aplauso para todos los alumnos participantes. Yo siento que no puedo respirar. Creo que todos me miran y despacio limpio las lágrimas que brotan sin control. La maestra me abraza nuevamente y repite palabras de consuelo.

El evento termina, y los niños salen felices con sus madres, tomados de la mano. Me quedo sola, sentada junto al asta bandera, abrazando la caja como si fuera un salvavidas que me impide hundirme. Las tercas lágrimas fluyen sin control, hinchando mis ojos y dificultando la respiración. El dolor en mi pecho es tan real que parece que me aplasta, como si no pudiera contenerlo por más tiempo. La vergüenza que siento ante mis compañeros, y las burlas que sé vendrán el siguiente día de clases, buscan una respuesta plausible a tal ausencia. ¿Qué diré? ¿Cómo explico su ausencia?

Me levanto, con la esperanza de que mamá haya tenido una razón importante para no venir. Tal vez le dolía la pierna, tal vez algo le impidió llegar. En casa, ella me recibirá con los brazos abiertos, emocionada por el regalo y ansiosa de escuchar mi poema. Me dará un fuerte abrazo y sus ojos brillarán como dos hermosas estrellas cuando vea el bello delantal bordado. ¡Ya quiero llegar a casa!

Al llegar, Mamá está en la sala con Marelia. Con la caja en las manos, me acerco, temerosa, y le pregunto qué pasó, le digo que llamaron su nombre en la escuela para que pasara a recibir su regalo. Sin mirarme, toma la caja y la deja sobre la mesa de centro. No me dice nada, ni una palabra. No hay un abrazo, ni una mirada. No existo. Insisto, con un nudo en la garganta, le ofrezco declamarle el poema, el que recité frente a todos. Ella, sin volverse, sólo dice: "luego".

Marelia, con una sonrisa cruel, habla sobre lo deliciosa que fue la comida que disfrutaron juntas mientras yo, sola, esperaba en la escuela. Abraza a Mamá mientras me mira, saboreando mi humillación. No entiendo. No entiendo por qué no le importo. ¿Qué he hecho para ser invisible?

Me retiro lentamente, sin fuerzas, y me encierro en mi pequeño refugio. Allí, sobre la cama, mis lágrimas mojan la cobija áspera, y mi pecho se inunda de una tristeza que parece no tener fin. Sé que no soy importante. Sé que no me quieren. Pero no sé por qué y no sé qué hacer.

El hambre se mezcla con la desesperación. Han pasado casi 24 horas desde que probé alimento. Al anochecer, regreso a la casa, con temor de ser rechazada una vez más, y encuentro mi plato de sopa de fideos, ya frío. Lo como despacio, saboreando cada gota, limpiando el plato con la lengua, mientras mi mente se inunda de pensamientos oscuros. Añoro un trozo de pan con mantequilla, una manzana, o un pedazo de queso. Quisiera trabajar para comprarme algo de comer y no dar molestias.

En la sala, sobre la mesa de centro, el regalo para mamá sigue intacto, olvidado. No lo abrió. No lo abrirá. Las lágrimas regresan, incontrolables, mientras me doy cuenta de que, una vez más, no soy más que un fantasma en esta casa.

Con un nudo en la garganta que me impide respirar, trato de convencerme que, simplemente, Mamá ha estado muy ocupada y es por eso que no le dio tiempo para abrir el regalo, seguro mañana lo hace y me abraza cariñosamente antes de ponerse el bello delantal.

Después de algunas horas, y cuando incluso la luz del cuarto de mis hermanos se ha apagado, me asomo con cautela para ver si Mariela ha apagado la luz de nuestra recámara para poder entrar y acostarme un rato sobre la mullida cama antes de tener que dormir en el frío suelo.

Hoy, nuevamente, he sido un fantasma en esta casa. La soledad pesa más que el hambre. A veces quisiera morir; siento que voy a volverme loca tratando de desaparecer, de ser invisible, de no molestar. No entiendo, no entiendo, ¿Qué hice para que me odien así? ¿Nacer? ¿Fue ese mi pecado? Por favor, Dios mío, ¡dime qué puedo hacer para que me quieran! O llévame contigo.

Hoy, más que nunca, la soledad pesa más que el hambre.

En estas siguientes semanas, hubo un acontecimiento que atesoro y el que mejoró mi vida exponencialmente. Los dueños de la casa ubicada casi enfrente de la de mis vecinos de la infancia han llegado de Estados Unidos con un pick-up cargado de cosas. Después me he enterado que, en los cuartos que tienen al fondo de su patio abrirán una tienda de artículos de segunda mano. También, han contratado a una señora, Doña Mary, quien les cuidará la casa, hará el aseo interior y exterior, y atenderá la tienda de segunda mientras ellos no están.

Estos vecinos no viven en mi ciudad, pero vienen una vez al mes desde que recuerdo y sólo se quedan uno o dos días. Las primeras semanas llega mucha gente a conocer la tienda de segunda y a comprar. Mamá suele ir cuando llegan con mercancía y me gusta acompañarla. No le pregunto si puedo ir, simplemente espero cuando la veo que va a salir y camino un poco atrás de ella. Ya en la segunda nunca me dice nada y puedo disfrutar de ver las cosas que están en venta.

En la pequeña tienda hay una sección de juguetes y otra de libros, casi todos en inglés, donde me gusta pasar el tiempo. ¡A veces llegan muñecas hermosas con bellos vestidos, zapatos y gorros! Otras veces llegan juegos de mesa o rompecabezas y quisiera tener mucho dinero para poder comprarlos todos.

Empecé a ir a visitar a Doña Mary cuando llegaba yo de la escuela y fue cuando me enteré que ella no tenía hijos y que su esposo había fallecido –estaba sola. También, que ella no sabía leer ni escribir y sólo podía hacer cuentas sencillas.

Uno de esos días en que llegué a visitarla, tenía gente viendo las cosas en la tienda de segunda y no podía salir a comprar sus cosas para hacer su comida. Le ofrecí ir a la tienda de abarrotes por una lata de salsa de tomate que ella necesitaba y me pidió que pasara también a la tortillería a comprar media docena de tortillas de maíz. Cuando regresé, ella estaba batallando para hacer la suma de las cosas que las clientas deseaban comprar. Inmediatamente tomé el cuaderno en el que debía anotar las ventas de cada artículo y el precio. Hice las anotaciones correspondientes y sumé el total de los artículos. La clienta pagó y le entregué el cambio.

Al irse las clientas, Doña Mary me preguntó si quería quedarme a comer con ella, que sólo serían tortillas fritas con salsa de tomate y queso, pero que con gusto lo compartiría conmigo pues le había ayudado muchísimo. ¡Por supuesto que acepté!

Ese fue el principio de una amistad que duró algunos años y donde recibí mucho cariño durante esos ratos que podía pasar con ella. A cambio de todo lo que ella me daba, de cómo me escuchaba y daba consejos, yo le enseñé a leer y escribir lo básico. También, como hacer sumas, restas y multiplicaciones un poco más complejas. Para facilitar su trabajo, le preparé una cartulina con el equivalente en el tipo de cambio de dólares a pesos. Así, cuando le pagaban con moneda de los Estados Unidos ella podía hacer el cambio a pesos mexicanos y cobrar y dar el cambio correcto.

Un día, cuando yo estaba cuidando la tienda y ella estaba cocinando nuestras tortillas fritas con salsa de tomate, llegaron los dueños de la casa y al saber que yo le había enseñado a Doña Mary a leer y escribir me dijeron que me regalaban algún juguete que yo quisiera de la tienda. Aunque yo quería una hermosa muñeca de largo cabello rubio que tenía un hermoso vestido azul, elegí un grueso libro de cuentos titulado: "Las Mil y Una Noches", que es una colección de cuentos orientales donde se presentan tradiciones de Egipto, India e Irán y el que yo encontraba fascinante.

Me era fácil imaginar a *Sherezada* hilando historias cada noche para mantener entretenido al Sultán y así seguir viva. Su descripción de cada historia era hermosa y casi podía ver los bellos colores de su ropa, oler el perfume del jazmín y sándalo y escuchar los sonoros ruidos del bazar.

Además, el libro era grande y tenía una cubierta gruesa color rojo con dorado, parecida a la piel de los zapatos de papá –aunque él sólo usaba zapatos negros o color café. Ese fue el primero de varios regalos que me hicieron.

En esa época, pasaba muchas horas acompañando a Doña Mary en la tienda de segunda. Le ayudaba a doblar y colgar la ropa que los clientes desacomodaban. Sacudía los otros artículos; cuidaba la tienda mientras ella cocinaba y muy seguido comíamos juntas mientras platicábamos de nuestras vidas y nuestros sueños.

Ella quería juntar dinero para regresarse a Acapulco donde tenía una sobrina y sabía que podía quedarse con ella. Yo quería estudiar una profesión, en ese entonces quería estudiar arquitectura, ser la constructora y dueña de mi destino, y viajar por el mundo.

Ninguna de las dos cumplió esos sueños. Cuando Doña Mary tenía ya casi tres años trabajando con los vecinos, ellos decidieron cerrar la tienda de segunda y ella tuvo que marcharse. El último día que la vi comimos juntas nuestras tortillas fritas con salsa de tomate, compartimos un refresco de botella y lloramos sin poder parar.

Esa tarde, cuando la abracé como despedida, ella sólo me dijo: "En cuanto puedas, vete de aquí, busca otra vida. Encuentra la felicidad que te ha sido negada hasta ahorita y no dejes que todo lo que te ha pasado afecte tu vida. Sé que saldrás adelante y siempre rezaré por ti" y me dio el primer abrazo de cariño que recuerdo haber recibido en mi vida. Las lágrimas bañaban mi rostro mientras me encaminaba a casa. Nunca la volví a ver.

Yo, no pude encontrar el apoyo para irme a estudiar fuera y tuve que tomar otros rumbos para, simplemente, existir.

Definición de arquitectura:

La arquitectura se considera una de las bellas artes, ya que es un arte y una técnica que se basa en la creatividad, la imaginación y la estética para diseñar y construir edificios, espacios y estructuras.

La arquitectura se basa en tres principios fundamentales:

Belleza, Firmeza, Funcionalidad

Los arquitectos utilizan estos principios para crear obras que satisfagan las necesidades del ser humano.

La palabra arquitectura proviene del griego antiguo y está formada por los vocablos **archós** *("jefe, guía") y* **técton** *("constructor").*

Fue imposible construir una infancia dulce, fue difícil soportar la adolescencia al querer ser mi propio jefe, no pude ser el arquitecto de mi propio destino.

CAPÍTULO 6

HOSPEDAJE

Hoy llegamos a la casa de una prima en California, Estados Unidos. Mi Mamá decidió traer a mi hermano Bernardo a cita médica con un especialista pues su enfermedad ha progresado y él tiene mucho dolor. Su cuerpo se ha deformado mucho y no puede moverse por sí solo. Esta vez yo también vine pues Mamá dijo que podría ayudar cuidando a las niñas de mi prima, aunque yo sólo tengo diez años y una de las niñas es casi de mi edad.

La casa es pequeña, sólo dos recámaras, ubicada en una zona donde predominan familias latinas. A través de las pequeñas ventanas pueden escucharse gritos de niños jugando, música mexicana y voces de vecinos hablando en español. Mi prima tiene tres hijas, todas más chicas que yo. En el cuarto de las niñas hay dos literas y a mí me tocará dormir en una de las camas. Mamá y mi hermano dormirán en la sala. Él en un sofá cama y ella en una pequeña cama para acampar que se dobla.

Tenemos ya casi un mes aquí. Mi hermano sigue sin recibir tratamiento pues parece que faltan algunos documentos y siguen tratando de conseguir una cita con un médico especialista. Anoche escuché que Mamá lloraba y que mi prima le decía que le hablara a Papá, que necesitaban dinero pues el gasto de tres personas más era muy pesado para la economía familiar.

Me sentí culpable pues, desde que llegamos, he recibido los mismos alimentos que las hijas de mi prima. A veces el desayuno consiste en cereal con leche, otras un huevo o frijoles acompañados de tortillas de harina. No pensé en el gasto adicional. Mañana diré que no tengo hambre para no causar más problemas. Extrañaré la comida pero algo bueno es que el agua se puede beber del fregadero y hasta de la manguera que está en el patio. ¡Así ayudaré a reducir los gastos!

Mi hermano yace postrado en el sofá cama en la pequeña sala. Sus leves gemidos de dolor se escuchan mientras dormita. A pesar de los medicamentos que hemos traído desde casa, tenemos que ser muy cuidadosos pues el más leve roce al sofá cama lo hace gritar de dolor. Mamá llora y se desespera al no poder aliviar a mi hermano. Escucho las conversaciones y entiendo que la cita con el médico especialista es muy importante. Ojalá pronto reciban esa cita.

A los pocos días, alrededor de las once de la mañana, Mamá, mi prima y las niñas se disponen a ir a hacer las compras. Mamá, con gesto serio, me indica que yo no voy, que me meta a bañar. Tímidamente respondo que ya me bañe temprano, que también quiero ir. Ella, con gesto adusto, me indica que no. Que me tengo que bañar.

Salen apresuradas de la casa y yo, obedientemente, entro al cuarto que comparto con las niñas y tomando mi toalla, me enfilo al baño.

Al estar ya desnuda bajo la regadera, de repente escucho que la puerta del baño se abre y veo una mano que, moviendo la cortina de plástico, me toma de uno de mis delgados brazos y me jala hacia el pasillo. Es el esposo de mi prima. Tratando de cubrir mi pequeño cuerpo con las manos le digo que no he terminado de bañarme, que por favor me de unos minutos más. El, jadeando y con el rostro distorsionado como si estuviera enojado, no me contesta y me arrastra hasta el cuarto de las niñas.

Sigo tratando de cubrirme y le digo que, si ocupa entrar al baño, que me permita sacar la toalla. No contesta y, cerrando la puerta del cuarto, me tira al suelo bruscamente.

Todo lo que sucede después es como un terremoto que rompe y destroza. No entiendo qué quiere. Su mirada parece de un loco y me asusta. Lo veo jalar su camiseta y escucho el cierre de su pantalón. Con sus rodillas abre mis delgadas piernas y luego sólo siento un horrible dolor. Grito desesperadamente, sintiendo que el miedo me asfixia. Trato de empujarlo, de zafarme, pero es inútil. Él me toma de las muñecas y, con fuerza brutal, me inmoviliza. Siento su peso sobre mi cuerpo, un peso que me quita el aire, que me aplasta el alma. Intento gritar, pero el dolor me quema desde adentro. Es un dolor que no había conocido nunca, que parece no tener fin, eterno.

En medio de mi desesperación, escucho una voz que parece provenir de un lugar lejano, distante. Los gritos desgarradores de mi hermano Bernardo resuenan en el aire, su dolor se mezcla con el mío: "¡Suéltala, maldito, suéltala!" Pero nadie viene. Nadie me rescata. El tiempo se vuelve líquido, una tormenta sin control. Y luego... nada.

No sé si han pasado minutos u horas. No sé en qué momento me quedé sola, tirada en el piso de la habitación. El dolor en mi cuerpo es intenso y creo que ya nunca se quitará. Veo sangre entre mis piernas y creo que estoy muriendo. Ojalá la muerte me lleve, ojalá todo termine aquí, porque no puedo más. Este dolor no se irá, nunca se irá.

El tiempo pasa, pero no sé cuánto. Podrían ser segundos, podrían ser siglos. De repente, la puerta se abre y entra Mamá. Su presencia debería darme alivio, pero algo en su mirada me paraliza. Me arrastro hacia ella, como un animal herido, suplicando, sollozando, intentando explicarle lo que ha pasado. Las palabras salen de mi boca entre lágrimas, pero no consigo que me mire a los ojos.

Con una frialdad que me congela hasta los huesos, toma una sábana, me la arroja y dice: "Tápate y deja de llorar." Su indiferencia es como una daga que me atraviesa.

Luego, sus siguientes palabras me destrozan de una manera que nunca había imaginado posible: "De alguna manera tenemos que pagar por el hospedaje."

Todo se rompe. Mi mundo, mi mente, mi corazón, todo se desmorona en mil pedazos. El dolor de esas palabras es tan profundo que siento que me ahogo en mi propia desesperación. Es peor que cualquier dolor físico. Un grito sale de mi pecho, un sonido inhumano, el gemido de un animal herido. El cuarto comienza a dar vueltas, todo gira a mí alrededor, como si el suelo se desvaneciera bajo mis pies, lanzándome hacia un abismo oscuro y sin fin.

-"Por favor, Dios. Ya no puedo más. Ya no puedo soportar esto. Te ruego que me lleves, que pongas fin a mi sufrimiento. Si de verdad existes, si de verdad amas a tus criaturas, llévame contigo. Ya no puedo más. Ya he pagado por cualquier pecado que haya cometido, ya no quiero seguir".

Llorando en silencio, con el alma destrozada, me arrastro hasta la esquina del cuarto. Me cubro con la sábana y trato de desaparecer. Quiero fundirme con el suelo, con la pared, volverme invisible, convertirme en nada.

A lo lejos, como si el sonido viniera de otro mundo, escucho el ruido de las ollas en la cocina, las conversaciones normales sobre las compras en el mercado. La vida sigue, indiferente, mientras yo me desmorono.

El resto del día transcurre como una neblina, un velo espeso que envuelve cada rincón de la casa y de mi ser. Me quedo en la esquina del cuarto, con la sábana pegada a mi piel, como si pudiera esconderme dentro de ella, como si pudiera desaparecer. Pero no desaparezco, sigo aquí, atrapada en este cuerpo que me duele en cada respiración.

Escucho a lo lejos los pasos de Mamá, de mi prima, de las niñas. Sus risas, sus conversaciones triviales, como si nada hubiera pasado. El mundo allá afuera sigue girando, pero para mí todo se ha detenido. Me pregunto si alguna vez volveré a sentir algo más que este vacío, si alguna vez mi pecho dejará de doler de esta manera tan cruel.

Pasan las horas y la luz del día empieza a desvanecerse. La oscuridad se cuela por las pequeñas ventanas de la casa, y con ella, el frío. No sé si debería salir de este cuarto, no sé si alguien me buscará. Probablemente no. Lo más seguro es que me dejen aquí, ignorada, como siempre.

De repente, escucho el sonido familiar del sofá cama crujiendo bajo el peso de mi hermano. Su gemido suave me recuerda que él también está sufriendo, que su dolor es tan grande como el mío, aunque de una manera diferente. Pero a él lo cuidan, a él lo protegen. Yo… yo soy invisible.

Me visto y me armo de valor para salir del cuarto, temblando, más de miedo que de frío. Camino lentamente, mis pies descalzos rozan el suelo, y siento cada paso como si mis piernas no me pertenecieran. El dolor entre mis piernas es constante, punzante, como un recordatorio de lo que ha pasado, de lo que nunca podré olvidar.

Cuando llego a la sala, veo a Mamá sentada junto a mi hermano, dándole un poco de agua. Ella no me mira. No me espera. Soy una sombra, una presencia que no tiene lugar en esa escena. Me acerco en silencio, con la esperanza de que, por un momento, sus ojos me encuentren. Pero no lo hacen. No hay espacio para mí en su mundo.

Me siento en una silla cerca de la ventana, viendo el cielo oscurecer. La casa se llena de sonidos familiares, el murmullo de las conversaciones, los sonidos de la cocina, y los susurros de las niñas jugando en su cuarto. Todo parece tan normal, tan ajeno a lo que ha ocurrido. Me pregunto cómo puede ser que, mientras yo muero por dentro, el mundo siga funcionando como si nada.

Mamá se levanta y cruza la sala sin dirigirme una palabra. La veo ir y venir, ocupada con cosas que parecen más importantes que yo. Quiero decirle algo, quiero que se detenga y me mire, que me abrace, que me diga que todo estará bien. Pero no lo hará. Lo sé. Lo siento en los huesos, en el vacío que se ha instalado en mi pecho.

Los minutos pasan, y me doy cuenta de que no puedo seguir sentada allí, esperando algo que no llegará. Me levanto con dificultad y camino hacia la cocina. Quizá si ocupo mis manos en algo, si trato de ayudar, pueda volver a sentirme parte de este mundo, aunque sea sólo por un momento.

Miro la mesa. El mantel está limpio, las tazas alineadas. Me acerco para ayudar a poner los platos para el desayuno del día siguiente cuando, de repente, escucho la voz de mamá detrás de mí: "Déjalo. Ve a dormir". No es una orden dura, pero tampoco hay ternura en sus palabras. Es una barrera, una distancia que me empuja más lejos de ella.

Me siento otra vez como esa niña que se quedó esperando en la escuela, el día del festival, con el delantal en las manos. Invisible. Siempre invisible.

No digo nada. Me doy la vuelta y camino de regreso al cuarto. Las niñas ya están dormidas, sus respiraciones suaves llenan el espacio. Me meto en la cama, abrazando la sábana que mamá me arrojó horas antes, como si eso pudiera darme algún tipo de consuelo. Pero no lo hace. El dolor sigue allí, latente, siempre presente.

Cierro los ojos, pero no puedo dormir. Mi mente sigue reviviendo cada momento de lo ocurrido. Siento que todo dentro de mí se ha roto, que nada volverá a ser lo mismo. Me pregunto si algún día podré escapar de esta tristeza, de esta soledad infinita. La incertidumbre me consume. No sé cómo será el mañana, ni siquiera sé si quiero llegar a verlo.

Rezo en silencio, las palabras se entrelazan con mis lágrimas, pidiendo un poco de paz, un poco de alivio. Pero mi plegaria se siente vacía, como si no hubiera nadie escuchándome.

El ruido de la casa se apaga lentamente, las conversaciones se disipan, y la oscuridad se adueña de todo. En medio de esa noche silenciosa, me siento más sola que nunca. Y me pregunto, una vez más, si algún día dejaré de ser invisible.

Los días siguientes no pude ni quise salir del cuarto. Cada paso me dolía, y aunque no sabía exactamente por qué, sentía una vergüenza que me oprimía el pecho, como si todo el mundo pudiera ver lo que había pasado, como si yo hubiera hecho algo malo. Quisiera poder llamar a Papá, pedirle que venga por mí, pero está tan lejos. Y pedirle que gaste dinero en venir… eso solo provocaría más enojos. El pensamiento de su molestia, de su mirada fría, me hace sentir aún más pequeña.

Han pasado dos semanas. Algo bueno sucedió: finalmente llevaron a mi hermano a la cita médica. El especialista decidió hospitalizarlo para hacerle estudios. Mamá parecía tener una esperanza nueva, aunque frágil, como una llama que podría apagarse en cualquier momento. Tal vez, pensé, tal vez ya pronto podamos irnos a casa.

Pero tres días después, regresaron con mi hermano, y con ellos llegó la noticia que ninguno de nosotros quería escuchar. No había cura. Los doctores dijeron que era improbable que viviera más allá de los 25 años. Cinco años más. Sólo cinco años. Vi a mamá romperse en pedazos frente a esa noticia, su llanto incontrolable llenaba la casa, como una tormenta que nunca cesa. Y mi hermano, mi pobre hermano, lloraba también. No quería abrazarlo, por miedo a hacerle más daño. Todo ya era demasiado dolor.

Yo me quedé en silencio, sentada en el suelo duro del cuarto. No podía moverme, no quería salir, no quería ver a nadie. Cada vez que me metía a bañar, lo hacía con miedo, asegurándome de cerrar con seguro y de cambiarme dentro del baño. Me escondía incluso de mi propia sombra. Ni Mamá ni mi hermano me hablaban. Éramos personas compartiendo una casa, pero cada uno atrapado en su propio dolor.

Anoche, escuché a Mamá llamar a Papá. Le pidió que viniera por nosotros. Regresaremos a casa, pero en mi interior sé que nada será igual. Siento una opresión en el pecho, como si el aire que respiro se estuviera agotando – como si, nuevamente, estuviese encerrada en el viejo baúl. Cada respiración se vuelve más difícil, como si mi propio cuerpo no quisiera seguir adelante. La soledad se ha vuelto mi compañera más fiel, y esta vez, creo que ha llegado para quedarse.

Quisiera contarle a alguien lo que me pasó, pero no sé cómo. La vergüenza me ahoga. Siento que no podría encontrar las palabras adecuadas para explicarlo. ¿Qué harían si supieran? Tal vez lo que pasó sea algo normal aquí, me digo. Anoche, escuché al esposo de mi prima entrar al cuarto. Se acostó en la litera de abajo, con su hija de nueve años. Lo escuché jadear, y después de un rato, salió sin decir nada. No sé si le hizo lo mismo que a mí, pero ella no gritó, ni lloró… o quizá no la escuché.

Después de que él salió, las otras dos niñas se metieron en la litera con su hermana. Oí a la más pequeña llorar y preguntar si también ella tendría que hacer lo mismo con su papá. Algo dentro de mí se quebró al escucharla. Sabía que aquello no estaba bien, que los padres no deberían hacer eso con sus hijos. Pero me pregunté si sería una costumbre de este lugar, de este país extraño donde las cosas parecían suceder sin explicación. Cuando volvamos a casa, me armaré de valor y les preguntaré a mis compañeras de la escuela.

Pasaron unos días más y papá vino por nosotros. Me sentí aliviada, pero al mismo tiempo, no sabía qué hacer. Quería contarle lo que había sucedido, pero no encontraba el valor. ¿Qué pasaría si tuviéramos que volver para el tratamiento de mi hermano? Si le dijera la verdad, ¿nos prohibiría regresar? Y si lo hacía, ¿qué pasaría con el dolor insoportable de mi hermano?

Subirlo al carro fue una tortura. Las lágrimas corrían por sus mejillas, y con cada movimiento, sus gemidos de dolor eran como cuchilladas que nos atravesaban a todos. No podía estar sentado, así que lo ayudaron a acostarse en el asiento trasero, rodeado de cobijas y almohadas para que el movimiento del vehículo no agravara su sufrimiento. Verlo así, retorcido de dolor, me hizo desear tener algún poder mágico que pudiera cambiar su destino, que pudiera devolverle la fuerza, la alegría, su salud. Pero yo no era más que una niña, impotente ante el sufrimiento de los demás.

Durante el viaje de regreso, me senté en el asiento delantero entre mamá y papá, algo que nunca me habrían permitido en circunstancias normales. Pero esta vez era necesario, porque mi hermano no podía moverse. El trayecto fue silencioso, cada uno de nosotros perdido en sus pensamientos. El único sonido que rompía el silencio era el llanto sofocado de mi hermano cada vez que papá tenía que frenar o cuando el coche pasaba sobre algún bache.

Pensaba en tiempos pasados, cuando mi hermano aún iba a la escuela. Recordé con nostalgia cómo me enseñaba el juego de cubos que él mismo había hecho en su taller de carpintería. Los cubos, con sus caras pintadas de triángulos, eran un juego de ingenio que él había diseñado, una especie de juego de *Tangram* pero tridimensional. Me fascinaba verlo trabajar, tan concentrado, tan meticuloso. Hizo una pequeña caja de madera tallada a mano, donde guardaba los cubos y las tarjetas con los patrones. Era su obra maestra.

Cuando llegamos a casa, lo ayudamos a acostarse en su cama. Estaba agotado. Más tarde, me pidió que le trajera la caja de los cubos. Voy por la caja y se la llevo manteniendo la distancia pues el más leve roce al colchón le provoca dolores fortísimos. Cuando estoy a punto de poner la caja a su lado, con voz débil y lágrimas en los ojos, me dijo que los cubos eran para mí, que sabía cuánto me gustaba jugar con ellos, y que ahora eran mi regalo.

Una felicidad inesperada se apoderó de mí, aunque al mismo tiempo, un nudo se formó en mi garganta. Le agradecí con una sonrisa, diciéndole que los cuidaría hasta que él pudiera jugar con ellos de nuevo. Me sonrió, cerró los ojos, y se quedó dormido emitiendo leves gemidos pues ni aun durante el sueño podía descansar de su constante dolor.

Apretando la caja de madera contra mi pecho, salí en silencio y caminé hacia mi pequeño refugio al fondo del patio. Allí pasé las siguientes horas resolviendo cada uno de los desafíos de las tarjetas, sintiéndome niña por primera vez en mucho tiempo. Era un alivio temporal, una pequeña chispa de alegría en medio de tanta oscuridad.

Sin embargo, no podía dejar de pensar en lo que había ocurrido en la casa de mi prima. Por más que lo pensaba, no lograba entender qué había hecho para que aquello me sucediera. ¿Qué debería haber hecho para evitarlo? El dolor aún estaba ahí, punzante, persistente, cada vez que iba al baño. Pero no sabía a quién pedirle ayuda, y la vergüenza me paralizaba. Me sentía culpable, como si todo hubiera sido culpa mía.

Quisiera volver a la escuela, perderme entre los libros y las clases, olvidarme de todo lo que ha pasado. Tal vez allí, entre las páginas de mis libros, pueda encontrar respuestas. Tal vez, si lo ignoro lo suficiente, pueda hacer que todo desaparezca.

Cuando el sol lanza su último suspiro
Y sopla el viento en mis párpados húmedos
En el solitario cantar de mis mañanas
Donde el cielo azul de negro ha de vestirse
Para convertirse en mi última esperanza
Y detener la muerte de mi alma

Fragmento del poema "La Muerte de mi Alma. Autor Alva Bendezu
https://poematrix.com/autores/wily-andree/poemas/la-muerte-de-mi-alma#google_vignette

CAPÍTULO 7

ABANDONO

Hace muchos meses, casi desde que regresamos de llevar a mi hermano a tratamiento a los Estados Unidos, las cosas entre Papá y Mamá han estado mal. Antes nunca los escuchaba pelear. A veces notaba que estaban enojados, lo cual me llenaba de ansiedad, porque sabía que cuando la tensión duraba semanas, Papá cargaba su *pick-up* de redilas y se iba de viaje de cacería. En esos tiempos, podía pasar hasta un mes y medio fuera de casa, y todo empeoraba para mí.

Durante su ausencia, mamá se volvía más irascible, y Marelia aprovechaba para atormentarme. Sus pellizcos, sus comentarios venenosos y las risas hirientes a mis espaldas me hacían desear ser invisible. En esos momentos, fantaseaba con escapar, con que algún familiar lejano me rescatara, me llevara a vivir con él o ella, y me diera el abrazo que tanto anhelaba. Nunca he recibido un abrazo de Mamá. A veces, cuando pasa cerca, puedo oler su perfume, *L'air du Temps*, o su desodorante floral, y quisiera que esos aromas me envolvieran, que me abrazara, que me acariciara la espalda, los brazos, el cabello, como hace con Marelia. Pero eso nunca sucede.

Papá ha regresado de uno de sus viajes de cacería y la tensión es palpable en casa. Mamá no le habla, le sirve la comida y se encierra en su cuarto. Él come solo, en la pequeña mesa de la cocina. Marelia y Bernardo desaparecen en cuanto Papá se levanta, porque trabaja de noche y duerme durante el día. Yo aprovecho esos momentos para sentarme a la mesa con él, a la espera de recibir un trozo de queso, un pedazo de pan o algo de lo que Mamá haya cocinado para su comida.

Aunque papá es un hombre serio, reservado, me pregunta sobre la escuela y me pide que le lea las noticias del periódico. A veces me manda a la tienda a comprar el diario, y mientras come, le leo los titulares. Este pequeño acto me hace sentir visible, importante, como si mis palabras llenaran el silencio que rodea nuestra relación. Me gusta que vea lo bien que puedo leer y entender lo que leo, algo que él nunca pudo hacer con facilidad, pues solo asistió un mes a la primaria.

Papá no sabe leer bien, tampoco escribir y nunca puede diferenciar las letras correctas al tratar de escribir. Sin embargo, su mente es extraordinaria. Puede hacer cálculos complejos sin necesidad de lápiz y papel. A veces, me reta a darle dos cifras de cinco dígitos para que las multiplique, y lo hace más rápido que yo. Sabe medir distancias y convertirlas de pies a metros y de millas a kilómetros –nuevamente sólo usando su cabeza. ¡Es genial!

En casa, la presencia de papá es como una sombra que no se deja tocar. Mamá, con su hermosa letra cursiva y su suave voz melódica, parece una mujer de otro tiempo, un tiempo en el que quizá alguna vez fue feliz. A veces, cuando sus hermanas la visitan, escucho sus risas, ese sonido alegre que brota de sus labios como campanas, pero siempre nos apartan de esas conversaciones, como si sus recuerdos fueran un mundo al que no tenemos acceso.

Hoy Papá se ha bañado, cambiado y se despide de mí diciendo que me duerma temprano mientras va dejando el aroma de su loción *Old Spice* desde el cuarto de baño hasta la salida de la puerta de la cocina cuando se va a trabajar. En todo este tiempo, Mamá sigue encerrada en su cuarto y entiendo que las cosas entre ellos no han mejorado.

Mientras todo esto ocurre, un nuevo cambio se avecina en nuestra familia. Marelia ha comenzado a recibir visitas de pretendientes. Uno de ellos, que trabaja en el negocio familiar de fotografía, es amable conmigo. Cuando Marelia va a misa con él, yo sirvo de chaperona. Usualmente, después de misa su pretendiente la lleva a comer un helado servido en una alta copa de cristal, adornado con un par de galletas y una cereza, a un bello restaurante de tradición familiar –su familia, no la nuestra.

Este muchacho me cae bien, pues siempre me compra un cono con una bola de helado del sabor que yo quiera (vainilla, chocolate o fresa) y me lo lleva afuera a los escalones del restaurante, donde yo tengo que esperarlos mientras ellos platican y disfrutan su helado.

A veces me canso de esperar y quisiera tener algún libro de historietas para entretenerme, pero sé que no debo molestar y trato de entretenerme contando los coches que pasan frente a mí. A veces, entro sigilosamente para usar el baño del restaurante, pues han pasado muchas horas desde que salimos de casa, pero siempre espero hasta que va entrando alguna familia pues si Marelia me ve se enojará conmigo y mis brazos y espalda quedarán marcados por los pellizcos.

Pero hay otro pretendiente que no me cae bien. Habla con una arrogancia vacía, como si tratara de impresionar, pero sin alma. Mamá parece preferir a este segundo, aunque él no trae regalos ni dulces para Marelia, sólo promesas huecas.

Cuando mi hermana sale con él, nunca vamos a la iglesia ni a comer helado. Siempre vamos a la casa de sus papás donde tengo que quedarme por horas afuera de la barda que rodea la casa, en la calle donde no hay ni siquiera donde sentarme. Sólo en algunas ocasiones he entrado a la casa y tengo que permanecer en un cuarto que parece oficina, pero que no me molesta pues hay un estante con libros y puedo leer a mis anchas. Pero estas son las raras ocasiones. A veces, ¡he tenido que estar afuera de esa casa hasta durante ocho o nueve horas! Sin importar qué tipo de clima haya ese día.

Después de algunos meses de estas visitas, ¡se ha armado un revuelo en casa! Papá está muy enojado con Marelia, Mamá la defiende con fervor, y todo es un caos. A los días me entero que ella y su novio se van a casar muy pronto. Aunque no entiendo bien, no parece ser un evento feliz. En silencio, yo pienso que su partida será un alivio. Ya no tendré que soportar sus burlas ni sus pellizcos. Me dejará el cuarto para mí sola, y quizá, sólo quizá, las cosas mejoren.

Pero no es así. Marelia se va, y aunque el cuarto ahora es sólo mío, la ausencia trae más peleas entre mis padres. Las discusiones son cada vez más frecuentes, y una madrugada, después de escuchar por horas gritos y alegatos en su recámara, me quedé dormida, agotada por la tensión.

A la mañana siguiente, la casa está en silencio. No hay señales de mamá, ni de Bernardo. La puerta de la recámara de mis padres está cerrada, y me siento afuera de la cocina, preguntándome qué ha sucedido. Papá sale al patio y me pregunta si quiero comer. Me dice que va a preparar carne guisada con papas y arroz, algo inusual, porque siempre es Mamá quien cocina. Me siento a pelar las papas, feliz de tener un momento con él, aunque el ambiente es extraño, denso, cargado de algo que no logro entender.

Cuando la comida está lista, Papá me sirve ¡un gran plato con carne con papas, arroz y frijoles! ¡Es una delicia! Y mientras él toma café negro con mucha azúcar, yo me preparo uno con leche y, obvio, ¡también le pongo mucha azúcar! Mientras comemos en silencio, papá me dice que Bernardo no vivirá con nosotros por un tiempo, y que mamá se ha marchado. No hace mayores comentarios.

Me quedo con un millón de preguntas en la cabeza, pero sé que no obtendré respuestas. Cuando termina de comer, papá se alista para irse al trabajo y me dice que cierre bien las puertas, que no le abra a nadie, luego se marcha.

Tengo once años y, nuevamente, estoy sola en una casa; pero por lo menos en esta casa tengo mis cosas, libros, etc. Me siento sola, pero curiosamente, no siento la soledad de siempre. Hay una calma en la casa, una quietud que no había sentido antes. Me preparo para la noche, reviso las puertas, hago mi tarea y me pongo a dibujar.

El faro blanco que siempre aparece en mis sueños vuelve a surgir en el papel, con su luz giratoria que me llama, como si en ese faro estuviera mi destino. Dibujar me calma, me transporta a un lugar donde no tengo que esconderme, donde puedo ser yo misma.

En este sueño recurrente, es una noche fría y lluviosa y voy caminando por una escarpada calle de terracería hacia la cima de la pequeña montaña. A mi lado izquierdo veo hermosas casas y ventanales de comercios, todos con luces brillantes, adentro veo personas riendo, contentas, y puedo distinguir que en estos negocios y casas hay calor y felicidad. Del lado derecho del camino veo un rocoso acantilado donde el mar enfurecido revienta enormes y violentas olas.

En mi sueño, sé que en cualquier momento puedo detenerme y entrar a uno de esos negocios o casas y ser bien recibida; allí podré guarecerme del frío y la lluvia y ser acogida con sonrisas y parabienes. Sin embargo, en mi interior sé que tengo que seguir avanzando y subiendo hacia la cima, donde se alcanza a ver un hermoso faro blanco con su luz giratoria que sirve de guía y salvaguarda a las embarcaciones que, todos los días, enfrentan los peligros del mar. Sé que mi meta es el faro; sé que tengo que llegar, aunque no creo recordar alguna vez haber concluido ese sueño y llegar a la cima.

Este sueño sucede con mucha frecuencia y me gusta dibujar los detalles que recuerdo al ir recorriendo ese camino: el mar, la lluvia, las luces dentro de casas y negocios, las rocas, pero sobre todo, ese blanco faro que me conmina a llegar a él.

Curiosamente, en esta etapa de mi vida no recuerdo haber visitado algún faro y sólo puedo pensar que los genes de mi bisabuelo, capitán de altura, quien llegó a

México desde Inglaterra, son los que se manifiestan por mi amor al mar y a todo lo marítimo.

Amo dibujar caracoles, la espuma del mar sobre la arena, las olas donde pueden verse colas de ballena sobre la superficie mientras esos gigantes del mar sumergen el resto de sus enormes cuerpos como jugando a las escondidillas. Me gusta incluir juguetones delfines y peces plateados, con franjas amarillas o doradas, así como exquisitas y largas algas ondeando con la corriente marina.

Pero lo que no puede faltar en mis dibujos son los faros y distintos tipos de embarcaciones. A veces son viejas fragatas como las que tripulaba mi bisabuelo; otras son pequeños veleros con sus velas y banderas ondeando como saludando al horizonte. Hoy no es la excepción y disfruto mucho dibujar con la tranquilidad de saber que hoy no tengo que ser invisible.

No pienso mucho en que Mamá se ha ido pues, en mi mente, pienso que en unos días regresará. Tampoco cuestiono por qué mi hermano Bernardo no está en casa pues él y yo hablamos muy poco y siempre trata de mantenerse alejado de mí.

La noche es ya total y el miedo de haberme quedado sola intenta instalarse en mi pecho, pero me obligo a no pensar en ello. Sé que papá volverá de madrugada, y que mientras tanto, estaré bien.

Esa noche duermo inquieta, pero cuando papá regresa, su voz me calma. Le pregunto si ya se quedará, y su respuesta me tranquiliza lo suficiente como para volver a dormir. Al día siguiente, en la cocina, encuentro una moneda de diez centavos de dólar en nuestro lugar secreto, el alfeizar de la pequeña ventana de la cocina. Con eso, ¡puedo comprar un duro con chile y limón y un vaso pequeño de refresco! Que es mucho más de lo que a veces como en casa. Presurosa y, por primera vez en mucho tiempo, salgo de casa sin sentirme triste o estresada y me encamino a la escuela.

Los siguientes meses pasan en una rutina extraña. Papá cocina y se va a trabajar; yo paso los días sola, ocupada con la escuela y los dibujos. Me siento más segura, pero también más desconectada de todo. No sé dónde está mamá, ni Bernardo, ni Marelia. Franco sigue viviendo en otra ciudad. Papá regresa siempre de madrugada, y yo, aunque me siento sola, no experimento el dolor de antes.

Hoy he llegado de la escuela y Papá ya está levantado. Eso me sorprende pues es temprano para preparar la comida y que se vaya a trabajar. Lo veo fumando y tomando café sentado a la mesa de la cocina, su gesto es adusto y apenas entro me dice que se irá por unos días y que me dejará sola. Me quedo paralizada. Él me asegura que ha hablado con el dueño de la tienda para que yo pueda sacar a crédito comida para preparar. ¡Pero no sé cocinar, no sé cómo encender la estufa! El miedo de estar completamente sola empieza a crecer en mí.

Nuevamente, tengo mil preguntas y Papá no parece dispuesto a responder. ¿Cuánto tiempo exactamente estará fuera? ¿A dónde va? ¿Qué hago si algo pasa y necesito localizarlo?

Obvio es que, en esos tiempos, ni siquiera soñábamos con teléfonos celulares. Estos estaban en la misma categoría que los carros voladores y los elevadores de material transparente que eran parte de una de mis series de dibujos animados favoritas: "Los Jetson", quienes hablaban por teléfonos portátiles con pantallas, salían al trabajo y a la escuela en autos voladores, llegaban a casa en un elevador de material transparente y tenían una robot en casa que limpiaba y preparaba la comida.

Papá no respondió a mis preguntas a excepción de la última. Si algo pasaba, tenía que marcarle por teléfono a la vecina o irme para su casa. Pero sólo si era una emergencia. A mis once años, quedarme sola no era cosa fácil. Lo que más me hacía mella era no saber, nuevamente, qué estaba pasando.

Papá empacó una maleta, me dejó algo de dinero y se marchó sin más explicaciones. Y así, con once años de edad, descubro que viviré sola. No sé si quiero llorar o gritar. El miedo se enreda con la tristeza, pero las lágrimas no salen. Estoy sola, y no sé cuánto tiempo más podré soportarlo.

La claustrofobia, la que vengo padeciendo desde hace ya cuatro años, muestra sus garras y se posa sobre mí como un espectro. La soledad me hace imaginar peligros que me obligarían a esconderme en algún lugar reducido y oscuro y esto genera severos ataques de pánico que merman mi incipiente valor.

Pasan dos semanas de incertidumbre y, como autómata, trato de sobrellevar el día a día. Por las mañanas asisto al colegio y por las tardes he conseguido un trabajo en una tienda de curiosidades e importaciones en la zona turística. Esto me mantiene ocupada y agotada al grado de no pensar en el futuro y sólo tratar de existir.

Pasado ese tiempo, una noche, al llegar de mi trabajo, encuentro a Papá sentado ante la mesa de la cocina, fumando y tomando café, y antes de siquiera poderle preguntar cómo está me dice que se va a ir a vivir permanentemente a Estados Unidos con Mamá pero que yo no puedo ir.

Después, en una maleta más grande, pone algunas cosas y ropa de Mamá y entrando en su recámara, cierra la puerta rompiendo el casi invisible hilo de conexión entre nosotros.

Al siguiente día, un sofocante domingo de otoño, prepara comida y esta vez, aunque comemos juntos, lo hacemos sin hablar, tampoco me pregunta cómo estoy, o qué pasa en la escuela. Al terminar de comer, Papá me dice que me asegure de cerrar bien las puertas, que no le abra a nadie, y luego, sin siquiera una mirada atrás, sube al coche y sin decir más se aleja cual las hojas secas que se desprenden de los árboles y que, presas del viento, desaparecen en el horizonte.

Aunque siento miedo, creo que prefiero quedarme sola en esta casa a tener que vivir nuevamente con algún familiar y que vuelva a pasar lo que me hizo el esposo de mi prima. En este año he escuchado conversaciones en la escuela que eso que pasó no es bueno, que es algo muy grave en contra de los niños y que los adultos no deben de hacerlo. Yo no sé si Papá supo lo qué pasó.

En casa no se hablan muchas cosas y todos embotellan sus sentimientos. Las conversaciones siempre son sólo sobre temas superficiales. Pero a mí me da vergüenza hablarlo e intento esconderlo en lo más recóndito de mi cerebro esperando que, algún día, todo lo que ese mal recuerdo me provoca desaparezca de mi mente y de mi corazón.

Tengo once años, acaban de confirmarme que ahora viviré sola. Quisiera llorar pero no puedo. Tengo miedo.

Los oscuros rincones de la casa parecen esconder entes malvados esperando la oportunidad para atacarme. La contradicción entre la claustrofobia y el miedo me impiden cerrar la puerta de mi habitación con seguro, por lo que el sueño deja de ser un escape al mantener una vigilia forzada en el marco de la puerta que delimita la verdad contra la imaginación.

Las noches y los días pasan entre arranques de valentía y llantos incontrolables. Este limbo que se ha vuelto mi vida, esta incertidumbre sobre el futuro, hacen crecer la desesperanza y la inquietud.

El miedo, ese miedo constante, se convierte en una bola de nieve que, aumentado su tamaño y velocidad, rueda cuesta abajo en la montaña para estrellarse en mil pedazos y engullirlo todo.

Mi niña pequeña ama la soledad
y odia al mundo,
pues aún resuenan en mi mente
las palabras de consolación
que nunca sirvieron,
aún siento la crueldad,
el abandono y el miedo.

Autor: Orelly, Oaxaca
Fecha: 21 de febrero, 2022
https://www.facebook.com/poesia.de.morras/photos/a.2336649976571554/3257011077868768/?type=3

CAPITULO 8

MIEDO

El miedo ha empezado a formar parte de mi vida cotidiana. Miedo a estar sola, miedo a que se acabe la comida o el crédito en la tienda de abarrotes, miedo a no volver a ver a mis padres ni a mis hermanos. Siempre tengo hambre porque sólo como una vez al día, estirando lo poco que tengo para que el crédito no se agote. Siento miedo de que, si en la escuela se enteran de que vivo sola, me saquen de allí. Miedo a no ser querida jamás. Miedo... al miedo mismo.

Hace unos días, papá vino a la casa. Me llené de alegría al verlo, pero como siempre, no me dejó abrazarlo. Parecía preocupado, aunque no me dijo nada. Le pregunté por Mamá, y me respondió que estaba bien, sin más detalles. Quise saber de mis hermanos, pero su respuesta cortante fue: "No estés de preguntona". Y así terminó la conversación. Se quedó sólo una noche. Antes de irse, me dijo que ya había pagado lo que se debía en la tienda y los servicios públicos.

Le comenté que pronto terminaría la primaria y que necesitaba que me inscribieran en la secundaria. Su respuesta fue como un jarro de agua fría lanzado súbitamente al rostro: "¿Para qué? Al rato sales panzona como la otra." Sentí que se me desplomaba el mundo.

Supe entonces que se refería a Marelia y, con desesperación, le aseguré que yo no era como ella, que quería estudiar. Papá siguió tomando su café, sin dignarse a mirarme.

Le conté entonces que había ganado el primer lugar en el concurso estatal de aprovechamiento y que, por parte del gobierno, nos llevarían a la Ciudad de México a conocer al Presidente. Le presenté el formulario que uno de mis padres debía firmar, explicándole que me acompañaría mi maestro de sexto grado y el director de la escuela. Me miró con una rabia mal contenida y dijo, con desprecio: "No tienes para qué ir a conocer a ese fulano." Con esas palabras, mi ilusión de volar por primera vez, de conocer la capital y al Presidente, se desvaneció. Temiendo su enojo, y fingiendo que era algo inconsecuente, dije que no importaba, que le avisaría al director.

Con el corazón hecho pedazos, le informé al director que no podría ir. Me ofreció hablar con mis padres, pero le mentí diciendo que estaban fuera de la ciudad. En mi lugar, mandaron al niño que había quedado en segundo lugar. Todo mi esfuerzo, todo mi trabajo duro se vio truncado de golpe. Otra oportunidad perdida.

No volví a ver a Papá en tres meses. Durante ese tiempo, terminé la primaria. Nadie vino al evento de graduación. Recibí varios reconocimientos por mis calificaciones, pero no había nadie aplaudiendo por mí. Ni siquiera Franco pudo estar. Unos días antes había recibido una postal de él, donde me pedía que le escribiera, pero no tenía dinero para comprar una estampilla.

Me la pasé investigando escuelas secundarias, pero en todas pedían que uno de mis padres me inscribiera. Algunas exigían una cuota de inscripción; otras una colegiatura mensual. ¡Y todas requerían uniformes, zapatos y útiles escolares! Todo aquello me parecía inalcanzable. Cada vez veía más lejos la posibilidad de seguir estudiando.

Un día, el director de la primaria vino a buscar a mis padres. Tuve que mentirle de nuevo, diciéndole que habían salido. Me dejó una carta, notificándoles que, por mis buenas calificaciones, el Club de Mujeres Profesionistas me había elegido para recibir la Hoja Laudatoria, un reconocimiento para niñas destacadas. Necesitaba que un adulto me acompañara al evento y había un código de vestimenta.

Cuando entré a la casa, no pude evitar que las lágrimas cayeran. Sabía que no podría ir. No tenía ropa adecuada, ni zapatos, y lo más importante, no tenía a nadie que me acompañara.

Esa tarde, mientras estaba sentada afuera en el patio, pasó nuestra vecina la Sra. Rosa. Ella es una mujer muy alegre, de bellos ojos grandes, cabello rizado y un poco regordeta. Su jovialidad y buen humor están siempre presentes. Al pasar por enfrente de mi casa, y verme cabizbaja, me preguntó qué pasaba. Le abrí el portón y la invité a pasar, pero me dijo que mejor fuera a su casa a comer. No había comido nada ese día, la tristeza me había impedido ir a la tienda. Así que acepté, y cuando regresó con las tortillas, la esperé para caminar juntas a su casa.

Doña Rosa sabe que vivo sola. En varias ocasiones me ha ofrecido quedarme en su casa, pero siempre me niego, temiendo que si papá se entera, eso me traiga problemas. Aun así, ella siempre está dispuesta a ayudarme, sin insistir demasiado.

Mientras comíamos en su cocina, le conté sobre la visita del director y no pude contener las lágrimas. Con su habitual sonrisa, me dijo que no me preocupara, que ella me acompañaría al evento.

Además, su sobrina, estudiante universitaria, también recibiría una Hoja Laudatoria, así que estaría allí de todos modos. Mi corazón se llenó de esperanza, pero al mencionar que no tenía ropa adecuada ni zapatos para ese tipo de evento, me sentí pequeña de nuevo. Sin dudarlo, Doña Rosa me dijo que me compraría un par de zapatos. Aunque sabía que no debía aceptar, que no era su obligación, la ilusión fue más fuerte y, sonriendo, acepté.

Al salir de su casa fui a visitar a Doña Mary a la tienda de segunda y le conté sobre la visita del Director, así como sobre la comida con Doña Rosa y su oferta de comprarme zapatos. Ella, muy emocionada, me dijo que había un traje blanco de pantalón y saco para muchacha joven, y que ella podía arreglarlo para que quedase a mi medida. Luego me mostró el traje y sonreí pues, aunque no era moderno, cumplía con los requisitos establecidos en la carta invitación.

El lunes llegó. Vestida con mi traje blanco y unos zapatos de charol blanco con dos franjas, una roja y una azul marino, que Doña Rosa me había comprado, caminé hacia el centro de la ciudad con la invitación en mano. ¡Me sentía como toda una profesionista!

Pero al llegar, no me dejaron entrar porque el adulto que debía acompañarme no estaba. Con los nervios a flor de piel, le pedí al encargado que me dejara buscar a Doña Rosa. Finalmente, y después de que mi rostro compungido mostraba las primeras señales de llanto, me permitió pasar. Cuando la encontré, me abrazó y con su eterno optimismo y alegría fue a la entrada y firmó como el adulto que me acompañaba.

Una vez que dio inicio el evento, al escuchar mi nombre caminé hacia el escenario a recibir mi reconocimiento y aunque escuché los aplausos de los asistentes, y vi la cara sonriente de mi vecina, mi corazón se sintió fracturado al darme cuenta de que, nuevamente, estaba sola y no contaba con el amor de mi familia. El orgullo del reconocimiento se desvaneció dando paso a un frío interior.

Conforme se acercaba la fecha de las inscripciones en secundaria, mi desasosiego crecía y el miedo a no seguir estudiando y truncar la posibilidad de un mejor futuro plantó raíz en mi mente y corazón con una desesperación agobiante. Había ido ya a varias escuelas y en todas necesitaba de uno de mis padres para inscribirme. Estaba desesperada y no sabía qué hacer.

Fui al asilo de ancianos que estaba cerca de casa y hablé con las monjas sobre la posibilidad de cursar estudios de secretariado con ellas a cambio de trabajos de limpieza tanto en la escuela como en el asilo. Les comenté que mis padres no vivían de momento en la ciudad y tuve que explicar que vivía sola. Ellas me informaron que lo único que podían hacer era ofrecerme una pequeña beca para reducir el pago de colegiatura mensual, pero que todos los demás gastos se tenían que cubrir.

Desesperada, comencé a buscar otro trabajo de medio tiempo por las tardes para obtener más dinero para el pago de colegiaturas.

Un fin de semana, mis padres regresaron de sorpresa. Me pillaron desprevenida, y para mi mala suerte y debido a que me salía temprano de casa para buscar trabajo en las tiendas de curiosidades y hoteles donde se requería algo de inglés –idioma que hablaba a nivel básico y el que aprendí leyendo libros con ayuda de un diccionario, no había barrido la casa ni los patios y, al llegar cansada de tanto caminar, me encontré la sorpresa y la cara adusta de Mamá mientras estaban sentados afuera debido al fuerte calor. Quería abrazarlos pero su lenguaje corporal era muy claro y sólo atiné a saludar con voz queda.

Ellos me indicaron que teníamos que hablar. Luego, me dicen que ya no seguiré estudiando, que sólo era una pérdida de tiempo que no va a traer nada bueno. Papá hizo algunos comentarios despectivos sobre las mujeres y yo sólo atiné a quedarme callada.

Una vez que terminaron de hablar, con desesperación en la voz, la que no pude controlar, les rogué que me permitieran seguir estudiando, que era mi deseo cursar la secundaria, la preparatoria, la universidad, ¡ser una profesionista!

Les expliqué lo buena estudiante que era, cuánto deseaba seguir aprendiendo. Les dije que fui a varias escuelas a preguntar los requisitos, que sólo tenían que acompañarme a inscribirme, que no se arrepentirían.

Sin embargo, ellos ya habían tomado una determinación. Insistí hasta que, finalmente, por enfado o cansancio, me dieron dos opciones: un internado de monjas donde sólo podría salir dos veces al año, o la única otra escuela de monjas pero que no era internado, con la condición de que, si elegía esta segunda opción, entonces ellos sólo me pagarían la inscripción, me comprarían el primer uniforme y que yo me haría cargo del resto de los gastos, esto es, mensualidades, útiles escolares, transporte, etc. No lo pensé más, en ese momento les agradecí con llanto incontrolable y les aseguré que yo me haría cargo de los gastos.

Con menos de doce años, aún sin trabajo adecuadamente remunerado, adquirí un compromiso conmigo misma. Al día siguiente, mis padres me acompañaron a la escuela de secretariado. No era lo que soñaba, pero era un paso hacia adelante. Pagaron el uniforme y los primeros libros. Luego, sin mediar más palabras, regresaron a casa, recogieron algunas pertenencias y se fueron de nuevo a Estados Unidos, dejándome sola otra vez.

Esa noche, agotada por la mezcla de emociones, el miedo a no cumplir con mis compromisos y el hecho de haber estado casi dos días sin comer, cerré la casa con llave y me acosté a dormir. Por primera vez en meses, el miedo no pudo mantenerme despierta. Dormí casi ocho horas seguidas, algo que no volvería a ocurrir durante varias décadas.

Desde entonces, la claustrofobia, la ansiedad, el miedo a la soledad y a la oscuridad se volvieron mis demonios. A lo largo de los siguientes cincuenta años, pocas veces logré dormir más de tres o cuatro horas por noche. Pero aquella noche, en medio del miedo y la incertidumbre, dormí como una niña que había encontrado, al menos por un día, un poco de esperanza.

They cry in the dark, so you can't see their tears
They hide in the light, so you can't see their fears
Forgive and forget, all the while
Love and pain become one and the same
In the eyes of a wounded child

"Hell is for Children", fragmento de canción interpretada por Pat Benatar
Album "Crimes of Passion"
https://www.google.com/search?q=pat+benatar+hell+is+for+children+lyrics&rlz=1C1CHZN_enMX1120MX1120&oq=Pat+Benatar+Hell&gs_lcrp=EgZjaHJvbWUqBwgCEAAYgAQyBggAEEUYOTIHCAEQLhiABDIHCAIQABiABDIHCAMQABiABDIHCAQQABiABDIHCAUQABiABDIHCAYQABiABDIHCAcQABiABDIHCAgQABiABNIBCTgzNDhqMGoxNagCCLACAQ&sourceid=chrome&ie=UTF-8

CAPITULO 9

INDEPENDENCIA

Durante los siguientes años, aprendí a vivir sola, a hacerme responsable de mí misma en un mundo que parecía indiferente. Cada mañana me levantaba antes del amanecer, me bañaba, me vestía y salía rumbo a la escuela.

El primer año en la escuela de secretariado, caminaba hasta el asilo de ancianos donde las monjas me permitían viajar con ellas en su camioneta por una pequeña cuota. Al final de cada día, cuando la escuela estaba vacía y limpia, regresábamos juntas.

En algunas ocasiones, me invitaban a merendar con los ancianos: un trozo de pan dulce y una taza de chocolate caliente. Ese pequeño gesto me llenaba de gratitud pero, con el tiempo, la compañía de algunos ancianos, con su amargura, sus palabrotas, su rechazo a la poca comida que había o su comportamiento descontrolado, me hizo rehusar esas invitaciones.

Poco después de comenzar las clases, encontré trabajo en una librería y juguetería local. Salía de la escuela a la 1:10 PM y mi turno en la tienda comenzaba a las 1:30 PM. Sin dinero para pagar el transporte, tenía que correr sin parar durante 20 minutos para llegar a tiempo. Trabajaba hasta las 10:00 PM, y luego, después de limpiar mi área de trabajo, caminaba 45 minutos de regreso a casa. Al llegar, me quedaba hasta la una o dos de la madrugada haciendo mis tareas escolares, para luego levantarme a las 5:00 AM y repetirlo todo. El cansancio, como el hambre, se convirtió en un compañero constante.

En la librería, los propietarios sabían que era menor de edad y me mantenían alejada de los clientes, limitándome a organizar el almacén. Pero un día cualquiera, al faltar la persona encargada de envolver regalos, me ofrecí a hacerlo.

Les gustó mi habilidad para envolver sin desperdiciar papel, y desde entonces, me dejaron atender a los clientes. Eso me dio más visibilidad y, de vez en cuando, pude poner en práctica mis escasos conocimientos de inglés atendiendo a turistas extranjeros.

Aunque acababa de cumplir doce años, parecía mucho mayor. Mi cuerpo ya estaba desarrollado, y mi forma de vestir hacía que muchos pensaran que tenía al menos quince. Los pretendientes comenzaron a aparecer, pero ninguno me interesaba. Todos eran universitarios que pensaban que yo era como ellos.

Un día, uno de esos muchachos llegó a la tienda y pidió que envolviera un estuche para plumas y lápices que había comprado. Lo conocía de vista, era amigo de unas vecinas. Mientras envolvía el regalo, me invitó a salir. Me negué con la excusa de que no tenía permiso. Cuando le entregué el paquete bellamente envuelto, me lo devolvió: "Es para ti," dijo.

Me quedé perpleja, y con la frustración a flor de piel –y quiero pensar que la falta de alimento afecto mis modales, lo único que pude decir fue que hubiera preferido una torta. No lo pensé; el hambre habló por mí. Llevaba cuatro días sin comer, y el dolor de cabeza hacía que me costara enfocar la vista. Él, sorprendido, sólo atinó a decir que lo tomaría en cuenta y se marchó. Sentí mucha vergüenza pues no éramos amigos, y era la primera vez que teníamos una breve conversación sin que estuvieran presentes mis vecinas.

Al día siguiente, casi a la hora de mi descanso, regresó. Sin decir palabra, me entregó una pequeña bolsa de papel donde el calor y olor que emanaba me indicaba que era comida, y se marchó.

Dentro, había una torta de lomo, tan deliciosa que las lágrimas empezaron a correr por mis mejillas mientras comía la mitad, guardando la otra para el día siguiente. Me sentí mal por haber sido grosera, pero no tenía energía ni tiempo para pensar en romances.

Este joven, estudiante ya universitario, insistió durante varios meses en invitarme a salir, pero cuando se dio cuenta de que no correspondía a sus avances, y que mis negativas cada día eran más firmes, me pide lo escuche sólo unos minutos. Al salir de mi trabajo esa noche, está esperando y me dice que se irá a pasar las fiestas con su familia en otra ciudad y que si permito que me escriba pues tiene intenciones serias conmigo.

Ante estos comentarios, le digo que, como amigos, puede escribirme, pero que no pierda su tiempo conmigo pues no deseo ninguna relación. ¡Bastante tengo con lo complicado de mi vida como para añadirle preocupaciones adicionales!

Al cabo de unos meses, el interés de su parte se desvaneció y optó por buscar otra relación menos complicada. Pero… ¿cómo podría explicar a una persona con una vida normal, con familia que lo apoyaba, con estudios enfocados hacia una profesión, que cada día es una lucha en mi existir? ¿Cómo explicar que vivo en constante terror? Que el hambre es parte de mí ser y que, durante muchos años, sólo he pensado en desaparecer.

El hambre era constante, una presencia que lo abarcaba todo. El dolor en el estómago, los mareos, la vista borrosa, las manos temblorosas… cada paso que daba, cada tarea que hacía, estaba teñido por ese vacío. El gesto de alguien que me ofrecía algo de comer, incluso con intenciones románticas, se sentía como una marca en el alma que, al aceptar alimento para mi cuerpo, me mostraba lo pobre que era yo y mi entorno.

Gracias a mi desarrollo físico y a mi manejo básico del inglés, me hice amiga de chicas mayores, las que estaban en su último año de la carrera de secretariado. Ellas eran educadas, amables, y me acogieron. Empecé a salir con ellas al centro de la ciudad o a sus casas, donde escuchábamos música y hablábamos de la vida.

Una de ellas vivía cerca de mi casa y, en varias ocasiones, me invitó a escuchar discos. Entre todas las canciones, había una que tocaba mi corazón de manera profunda: "***Father and Son***" de Cat Stevens. En esa letra encontré una especie de reflejo, una conversación entre padre e hijo en la que el hijo busca ser entendido, pero el padre minimiza sus sentimientos, pintándole una vida conformista. Aunque la canción hablaba de varones, yo me sentía atrapada en esas palabras. Me aferré a la música como una tabla de salvación.

Esta amiga se convirtió en una guía para mí. Fue ella quien me enseñó sobre la menstruación, un tema que aún desconocía, y me explicó cómo mantenerme limpia. Me regaló mi primer desodorante y mi primer brillo labial. Me cedió sus sostenes que ya no usaba, algo que yo nunca antes había tenido.

Con ella aprendí lo que debía saber sobre el cuerpo y la adolescencia, algo que nunca habría aprendido en casa. Su generosidad iba más allá de lo material; me dio lo que más necesitaba: atención, cuidado, y una muestra de afecto y sororidad que jamás había experimentado en mi propia familia. Su amistad fue un bálsamo en mi vida.

A mis padres los veía cada dos o tres meses, pero casi no hablábamos. Llegaban, revisaban la casa, pagaban lo que se debía en la tienda de abarrotes y se iban sin decir más. En ocasiones, me enteraba de su partida sólo al volver del trabajo y ver que ya no estaban.

Así transcurren casi dos años. En ese tiempo, mi hermano Franco regresó a la ciudad pero ahora está casado. Lo veía poco, aunque vivía cerca. Me quedé una vez a dormir en su casa, y eso fue suficiente para no querer volver. También tenía ahora un sobrino de mi hermana Marelia, bebé que aún no conocía, y una sobrina de Franco, a la que apenas había visto un par de veces. Mi vida se había llenado de ausencias y silencios. Amaba a mi familia, pero me dolía estar tan lejos de ellos emocionalmente.

Aprendí a disfrutar mi independencia, la música, y el poder salir y entrar de casa a la hora que yo quería. Nadie me decía qué hacer, nadie revisaba si estudiaba, nadie sabía si me alimentaba o a qué hora dormía. Podría desaparecer y tardarían días en darse cuenta, pero probablemente serían mis amigas las que primero me buscarían.

Franco me buscaba de vez en cuando y seguía estando al pendiente de algunas de mis necesidades. Era con él con quien platicaba sobre mis amigas, sobre la música y cantantes de moda, sobre mi continuo gusto por la lectura y quien me prestaba libros y daba algo de dinero cuando podía.

Hacía poco que había cambiado de trabajo y ahora nuevamente estaba en la zona turística en una tienda de regalos que era visitada por turismo extranjero y donde el inglés fue factor principal para obtener ese trabajo. Seguía con mi rutina de dormir poco y hacer mucho durante el día y la noche, pero ahora ganaba un poco mejor y, casi todo el tiempo, podía cubrir mis gastos de estudios, útiles escolares y algo de comida extra.

Vivía en casa de mis padres pero ya no me cubrían los gastos de la tienda de abarrotes, sin embargo, sí los servicios públicos. A veces, me daba cuenta que habían venido porque encontraba alguna fruta, galletas o algún otro alimento en la cocina, e incluso alguna pieza de ropa sobre mi cama. Pero no había tenido comunicación alguna con ellos durante varios meses.

Sin embargo, estaba muy agradecida por todo lo que habían hecho por mí, bueno y malo, pues eso me había ayudado a salir adelante.

Los amo con toda mi alma, pero también siento rencor cuando pienso en algunas de las cosas que han permitido que pasaran. La sociedad dice que los hijos no deben juzgar a sus padres, y entiendo que ellos han tomado las decisiones que, en su momento, les parecieron correctas, pero me siento lastimada, molesta, sola y quisiera encontrar la manera de irme lejos.

En este tiempo, mi vista fue empeorando y me resultaba casi imposible distinguir la cara de las personas en la calle. Tenía que entrecerrar los ojos para medir la distancia entre los autos al cruzar la calle y todo el tiempo requería acercarme al pizarrón durante las clases para poder copiar las instrucciones y enseñanza de los maestros pues no alcanzaba a ver desde mi pupitre. Mi mundo se había vuelto una acuarela borrosa donde las imágenes se mezclaban y se volvían una pintura nebulosa carente de nitidez.

Un día, encontré a mi hermano Bernardo en la calle. Me dijo que pronto regresaría a vivir en casa, y que mis padres también volverían. Sentí una mezcla de sorpresa y molestia. Había aprendido a disfrutar mi independencia, a no tener que pedir permiso para nada. Había encontrado un poco de libertad en esa soledad, pero eso estaba a punto de cambiar.

Y así fue. Semanas después, mis padres regresaron con el coche lleno de cosas, y Bernardo volvió con ellos. Estaba a punto de cumplir catorce años y me sentí atrapada, llena de una rebeldía que nunca había experimentado antes. Mamá me ignoraba, igual que siempre, hablando sólo con papá y mis hermanos.

Mi rutina se volvió un acto de resistencia: me levantaba a las 4:30 AM, tomaba un camión hacia el centro de la ciudad y caminaba el resto del camino hasta la escuela. Después de las clases, me iba al trabajo y, por las noches, tomaba clases de artes marciales hasta casi las once de la noche. Cuando llegaba a casa, hacía mis tareas y apenas dormía un par de horas antes de empezar de nuevo.

En casa las cosas seguían igual, sólo que ahora, de vez en cuando, comía alguna cosa que quedaba sobre la estufa tratando de que no se notara mucho.

En algunas ocasiones escuché conversaciones entre Mamá y mis hermanos y su tono burlesco por mis "pretensiones" de estudiar, como decía ella, o de hacer ejercicio y practicar artes marciales. Comentarios hirientes sobre mi físico, mis gustos, mis ideas eran los susurros mal escondidos cada vez que ellos se reunían.

Sus palabras me herían, pero yo me las tragaba en silencio. Los fines de semana me salía lo más temprano posible aduciendo que tenía trabajos escolares en equipo y luego me iba al trabajo.

Procuraba no hablar y revertí a mis instintos de infancia de ser invisible. En todo este tiempo, sólo una vez recuerdo que me preguntaron dónde trabajaba, pues me habían buscado en la librería donde hacía ya algunos años había dejado de laborar. Ahora, trabajaba como recepcionista en una agencia de seguros y estaba aprendiendo todo lo relacionado para vender seguros de vida, aunque, por mi edad, no podía aspirar a ser un agente certificado.

A veces, algunos domingos, me salía de casa y, con mis pocos ahorros, un maletín con algunos cuadernos de la escuela o alguna novela o libro que había conseguido, me dirigía a una cafetería en el centro de la ciudad.

Por mi manera de vestir, la que seguía siendo muy conservadora, aunque no podía ocultar el bien moldeado cuerpo que se desarrollaba, muy seguido alguno de los comensales buscaba iniciar una conversación que yo, de manera tajante, cortaba sin miramientos por lo que, al cabo del tiempo, hacían comentarios sobre mi altivez.

Pero nadie sabía el infierno emocional que se desarrollaba en mi interior. Yo, como si el mundo fuese el lugar más amigable y seguro, me sentaba y pedía una taza con café pues los rellenos eran gratis. En muchas ocasiones, ese fue mi único alimento del día, café con leche y azúcar, pero estaba en libertad. Sabía que mi presencia no pasaba desapercibida, pero me mantenía en silencio, apartada, queriendo ser invisible.

Fue en esta época cuando, a instancias del esposo de mi vecina, empecé a asistir los fines de semana y vacaciones a colaborar en un barco de pesca deportiva en calidad de "pavo". Básicamente, un ayudante sin paga definida pero con la oportunidad de pescar y vender en el mercado de mariscos (Mercado Negro) el producto obtenido.

Esta nueva actividad fue un verdadero parteaguas en mi vida. Por un lado, mi amor por el mar crecía a pasos desmesurados al poder pasar horas en altamar, pescar, disfrutar del aire, del sol y del vaivén de las olas.

A veces, ese bello mar nos regalaba aguas mansas como un espejo bajo un lago; otras, el marcado oleaje provocaba adrenalina y un gozo al sentirme viva.

El mar me regalaba libertad. Los más hermosos paisajes. Amistad y camaradería sinceras que no pedían nada a cambio. Soñaba con poder viajar por el mundo en una embarcación. Con vivir del y para el mar, esa inmensidad que me provocaba admiración, respeto y amor. En el mar me sentía plena y feliz.

Por ese tiempo, mi hermano Bernardo y su novia, una hermosa joven de bellos ojos quien trabajaba en una óptica, anunciaron su próxima boda. Ella había sido un ángel para mí, regalándome mi primer par de lentes cuando notó que entrecerraba los ojos para ver mejor.

En casa todo era un revuelo. Por primera vez en mucho tiempo vi a Mamá sonreír, y eso, aunque fuera un reflejo pasajero de alegría, me trajo un pequeño respiro. Durante las visitas de la novia de Bernardo, el ambiente cambiaba. Me trataban con cortesía, me incluían en las conversaciones, y por un instante, la soledad en la que estaba sumida se desvanecía.

Poco después, Marelia volvió a casa con su hijo. Conocí a mi sobrino por primera vez. Según lo que me contaron, su esposo se había ido a la Ciudad de México y ella había tenido que ponerse a trabajar.

Papá, en un gesto inesperado, compró una casa de madera y la colocó al final del terreno para que ella y su hijo pudieran vivir allí. Muchas veces me tocaba cuidarlo, ya que Marelia trabajaba por las noches. Aunque ella seguía siendo intolerante conmigo, su comportamiento había cambiado un poco. A veces, incluso, tenía algún pequeño detalle amable. Sin embargo, yo seguía alerta, siempre esperando la burla, el golpe escondido, el daño que me recordaba que en su mundo no había lugar para mí.

Al cabo de un año, un día al llegar a casa, encontré al esposo de Marelia en el patio trasero. Mamá lo bañaba con una manguera como si fuera un pordiosero. Llevaba ropas deshilachadas, el cabello largo y sucio, y estaba descalzo. Pero lo que más me perturbaba era su mirada altiva, como si nada en su vida hubiera salido mal. Me contaron que le había ido mal en la Ciudad de México, que lo habían robado y que había tenido que regresar como pudo.

Sin embargo, años después supe la verdad: había estado en la cárcel por varios fraudes y se había fugado durante una evasión masiva. Esa fue la razón de su regreso. Pronto se fueron a otro país, y mi contacto con ellos fue esporádico el resto de mi adolescencia.

En ese tiempo, dos cosas cambiaron mi vida. La primera fue cuando mi mejor amiga recibió una bicicleta de diez velocidades de regalo. Nos íbamos juntas a pasear por el centro de la ciudad. Como yo no tenía bicicleta, me prestaba su vieja bici, y aunque no era de velocidades, me daba una sensación de libertad que casi podía compararse con mis salidas en barco.

La segunda ocurrió unos meses después, cuando estaba por cumplir quince años. No esperaba nada. A diferencia de la mayoría de las adolescentes mexicanas, los quince años no significaban para mí ni fiesta ni celebraciones. Pero al llegar a casa, encontré una pequeña sorpresa: Mamá había preparado un pastel y una ensalada, e invitado a algunos vecinos. Aunque yo no tenía gran relación con esos vecinos en particular, aquel gesto me conmovió profundamente. Era una demostración, quizá la única en años, de que aún le importaba, aunque fuera un poco.

El regalo más inesperado, sin embargo, vino de Franco. Había notado mi amor por los paseos en bicicleta y se puso en contacto con un taller local. Ahí dio el enganche para una bicicleta nueva, blanca con un bello moño azul, que estaba esperándome junto al pastel. El trato era que yo tendría que pagar el resto en cuotas semanales, con el dinero que ganaba en el trabajo. No me sobraba mucho, pero acepté. Tener mi propia bicicleta me daba algo que no había tenido hasta entonces: ¡independencia casi total!

Este gesto de mi hermano fue un parteaguas en mi independencia física y emocional.

La boda de Bernardo pasó pronto, todos se fueron en el auto de papá pero ya no hubo lugar para mí y yo, vestida con un hermoso vestido prestado y unos tacones, hice el recorrido a pie hasta el centro de la ciudad para asistir al evento en la iglesia. Al poco tiempo Marelia se fue de la ciudad. Entonces, Mamá decidió nuevamente irse a Estados Unidos. Papá y yo nos quedamos solos, pero la relación entre nosotros era ahora casi inexistente.

Yo me consideraba independiente; me encargaba de mis gastos, mis estudios y hasta de gran parte de mi comida. Papá se iba todas las tardes a jugar billar, y nuestras interacciones eran mínimas. Después de tres meses, como la vez anterior, decidió irse con Mamá y se quedó con ella en el extranjero. Esa fue la última vez que vivimos juntos.

Para mí fue un alivio. Hacía ya un año que, durante la mayoría de los fines de semana y vacaciones escolares, salía muy temprano de casa para trasladarme junto con mis vecinos al muelle local y trabajar como "pavo" (ayudante en la embarcación) en un barco de pesca deportiva de 82 pies de eslora donde me asignaban preparar las cañas con su piola (línea) y anzuelos, recibir boletos de los turistas que saldrían en el barco, preparar el café y cobrar por los consumos.

En ese barco el cocinero preparaba sándwiches y, a veces, los pescados que se sacaban y que compartían con todos nosotros durante el viaje. El capitán nos permitía pescar mientras estábamos en alta mar y juntábamos todo el producto.

Éramos dos o tres pavos por viaje y, al llegar a puerto, uno de nosotros se llevaba todo lo que habíamos pescado para venderlo en el mercado de mariscos mientras los demás limpiábamos el barco, las cañas, la cocina, etc. La venta del pescado nos la repartíamos por partes iguales y eso me ayudaba mucho con mi independencia financiera. No necesitaba a nadie, o al menos, eso quería creer.

Uno de los otros pavos, Mario, parecía interesado en mí, pero yo no quería saber nada de relaciones. Mi vida ya era lo suficientemente complicada. Con la escuela, el trabajo, la soledad, el hambre constante, y la ira que crecía dentro de mí y que cada día se iba transformando en un ente infernal que empezaba a guiar mis decisiones, pero que, a la vez, me llenaba de una especie de fortaleza que me hacía sentir invencible, por lo que lo último que necesitaba era más presión con una relación. Sin embargo, me gustaba hablar con él y sentir que alguien me encontraba interesante o "bonita".

Sentir que alguien pensaba en mi bienestar era un bálsamo para mí. Aunque su situación familiar era muy limitada con respecto a finanzas, pues eran muchos hermanos y sólo contaban con su mamá, quien era una hermosa señora que disfrutaba la compañía de sus hijos y los apoyaba en todo lo que podía, él y yo habíamos empezado a compartir una taza de café a las 5:30 de la mañana, una vez a la semana, la que comprábamos entre los dos y la compartíamos sentados en la banqueta para luego seguir nuestro camino a nuestras respectivas escuelas. Sólo éramos amigos, pero yo sabía que él estaba interesado en mí y yo no podía ni quería más problemas.

En ese tiempo, los ataques de claustrofobia y agorafobia se habían vuelto insostenibles y, aunados a la falta de alimentación adecuada, a una anemia diagnosticada, al sentimiento de soledad, insuficiencia, miedo a todo, y sentir que el futuro, simplemente, no existía, empezaba a perder el sentido de la vida. Lo único que me mantenía a flote era la música y sentir el aire en la cara al salir en el barco o paseando por la carretera en mi bicicleta.

Pero al llegar a casa, la falta de cariño me agobiaba y sólo atinaba a llorar y desear desaparecer, esfumarme como bruma marina al salir los rayos del sol y sólo quedar en el recuerdo de algunas personas como algo inconsecuente que estuvo y desapareció.

Una tarde, mientras paseaba en bicicleta, me encontré con Mario, platicamos unos minutos y al querer seguir paseando me maree y me caí de la bicicleta. El alcanzó a ver pues ya iba caminando para su casa y corrió a ayudarme, preocupado exclamó: "¿Qué te pasó?" No pude evitar las lágrimas. Le confesé que llevaba varios días sin comer, que lo poco que ganaba se iba en pagar la colegiatura y en comprar cuadernos. Me invitó a su casa a cenar. Sabía que necesitaba comer, aunque la pena me consumía. Accedí, y me llevó a su hogar, una casa humilde pero llena de calor. Su madre, sorprendida al verme, me acogió con una sonrisa cálida.

En esa noche en particular, ella había decidido cocinar afuera de su casa y todos estaban sentados alrededor de la fogata en sillas, botes, piedras, lo que hubiera. Rápidamente me integré y mi corazón se regocijaba por la camaradería que existía entre los hermanos. Las risas y el cariño de su mamá me hacían sentir una felicidad inaudita a la vez que una tristeza innegable de saber que eso no existía en mi vida.

Y así fue como, en esa noche, no sólo llene el estómago con un caldo delicioso sino también el alma y, por primera vez en mucho tiempo, me sentí como parte de una familia –reí, comí, platiqué, escuché afecto y la aceptación que tuve fue un sentimiento nuevo pues, aunque ya no era la niña desvalida, ellos me trataron como pocas veces había sido tratada.

Esa fue la única vez que pude estar allí. Yo no quería un compromiso, menos afectar a alguien que también intentaba salir adelante y forjarse un futuro a pesar de tener todas las carencias económicas, pero contaba con el amor de su madre y su familia, yo era ave de mal agüero, no podía arrastrar a nadie a mi vida rota. La soledad y la falta de cariño eran mi diario vivir, yo no podía quitarle oportunidades a nadie pues, para ese entonces, yo sólo quería desaparecer. Mi soledad era mi condena, y no quería que nadie más cargara con ella.

Al regresar a casa, el miedo volvía a apoderarse de mí. Las noches eran interminables. A veces, después de mis clases de secretariado, de trabajar, de mis clases de artes marciales, de pasear en carretera en mi bicicleta, llegaba a casa tan cansada física y emocionalmente y mi único refugio era hacer mis tareas escolares mientras escuchaba una y otra vez algunos de mis discos. La música se volvió mi alimento emocional y también la única manera que tenía para contrarrestar el miedo que la soledad me hacía sentir.

Me escondía en mi cuarto pero la claustrofobia me obligaba a salirme de la casa, me sentaba en el patio hasta que la madrugada, con su fuerza devastadora, me obligaba a recostarme en la sala con una presión en el pecho que me impedía respirar. Temblaba y lloraba hasta que mi cuerpo se daba por vencido y caía en un profundo sueño del que despertaba sobresaltada un par de horas después y tenía que empezar a prepararme para salir a la escuela. Y mientras todo eso sucedía, el mundo seguía sin darse cuenta.

La claustrofobia empeoraba y me costaba mucho trabajo esconderla. En la escuela tenía que pedir permiso para ir al "baño" de manera constante, pues en el momento en que cerraban la puerta del salón yo empezaba a hiperventilarme.

No soportaba que nadie me abrazara pues sentía que me ahogaba. Los pretextos se me acababan y las monjas empezaron a sospechar que algo me pasaba. Una de esas veces fui llamada a la Dirección de la escuela y la Madre Superiora me preguntó que qué estaba pasando y que si seguía saliendo del salón tendrían que llamar a mis padres. Pensé para mis adentros: "Buena suerte con eso", pero sólo respondí que me sentía inquieta y que, a veces, tomaba demasiada agua y eso me hacía ir mucho al baño.

¿Qué podía decirle? ¿Que estaba sola, muerta de hambre, llena de miedo, y deseando desaparecer? Morir sería una linda forma de descansar y, tal vez, dejar de tener miedo. Aunque el llegar a ese punto también me asustaba.

A pesar de que me destacaba como una de las mejores estudiantes, la certeza de que nunca podría estudiar una profesión me ahogaba en una frustración implacable. Sabía que tenía el talento, la pasión. Me atraían las matemáticas, el diseño de casas, las ciencias exactas, los idiomas. Anhelaba adentrarme en la geología y la cartografía, explorar las opciones que el mundo académico podía ofrecer.

Pero esas puertas, que alguna vez vislumbré entreabiertas, ahora se cerraban con un estruendo que resonaba en mi pecho. ¿De qué servía tener la capacidad si ni siquiera podía alimentarme adecuadamente? Ya no había esperanzas, sólo un deseo cada vez más poderoso de desaparecer, de huir. Morir parecía la única salida.

Convivía con mis compañeras cuando podía, aunque siempre me sentía fuera de lugar. Las reuniones se hacían escasas, los momentos de camaradería, breves.

Un día, una de las chicas de mejor posición económica nos invitó a su casa para celebrar su cumpleaños. Me disculpé casi de inmediato, inventando excusas que ocultaban la verdadera razón: no tenía dinero para un regalo. No podía ni siquiera pensar en asistir sin un presente en mano. A pesar de no conocer mi situación, ella insistió, pero al final tuve que admitir que no podía permitírmelo. Aunque me aseguró que no era necesario llevar nada, para mí, no era apropiado.

Finalmente, usé un poco del dinero que guardaba para pagar la mensualidad de la bicicleta y compré los ingredientes para una gelatina de frutas. Caminé casi una hora bajo el sol, con las manos extendidas para no arruinar el postre. Llegué exhausta, pero el simple hecho de haber llevado algo, aunque fuera sencillo, me daba una sensación de pertenencia. Mi regalo fue bien recibido; entre pasteles, música y risas, logré por un día sentirme parte de una actividad normal adecuada a mi edad. Esa fue la única fiesta en casa a la que asistí durante toda mi adolescencia.

Ese mismo año, una de mis mejores amigas celebró sus quince años con una fiesta en un salón modesto. Otra compañera me prestó ropa y zapatos para ese día. Al llegar, vi a mi amiga, Mary Chuy, radiante, con su vestido de princesa y el chambelán que la hacía girar al compás del vals. El salón parecía salido de un cuento de hadas, sencillo, pero lleno de magia. La música, las luces tenues, la risa de los invitados... Verla tan feliz me hacía bien, aunque una parte de mí se rompía al saber que nunca tendría un momento así. Esa fue la única fiesta de quinceañera a la que asistí.

Un mes después, mi amiga la que vivía cerca de casa se graduaría y me invitó a asistir. Su festejo de graduación sería en un salón muy grande donde habría música en vivo. Yo estaba muy emocionada pero, justamente un día antes del evento, llegaron mis papás y eso arruinaba mis planes. La mamá de mi amiga tuvo que ir a pedir permiso para que me dejaran asistir, explicando que nos iríamos con un hermano de mi amiga y que él nos traería de vuelta. Mis papás pusieron muchas trabas y al final accedieron con mil limitaciones.

Yo sentía un coraje profundo pues ya eran muchos años donde yo veía por mí, por mi alimentación, por mi educación; donde la soledad me consumía, donde las carencias poco a poco mermaban mi fortaleza y ahora ¡me negaban un rato de diversión!

Mi amiga me prestó ropa y, como salimos más tarde de lo previsto para el evento, sólo pude estar una hora pues tuve que regresarme caminando porque su hermano tenía que quedarse con ellas hasta que finalizara todo.

Esa noche llegué a casa sintiendo una rabia y una frustración que me hicieron llorar abundantes lágrimas. Lo peor, a la mañana siguiente mis padres se fueron como ya era costumbre. Ese fue el único evento de graduación de alguien de mi edad al que asistí.

Con el tiempo, las emociones comenzaron a colapsarse en mi interior. Me sentía abrumada, frustrada, sin rumbo. Nada parecía tener sentido. Comencé a pensar en desaparecer, en encontrar una salida definitiva. Pasaba noches enteras en vela, pensando en cuál sería la manera menos dolorosa y rápida de acabar con todo. La desilusión me consumía, me volví callada, apagada. Sabía que solo tenía dos opciones: morir o escapar. Dejar todo atrás, abandonar cada fragmento de lo que me retenía. Ya no quería ser fuerte, ya no podía.

Durante las pocas horas de sueño, despertaba hiperventilándome, con el corazón acelerado, como si me faltara el aire. Soñaba que estaba atrapada en el baúl, encerrada, sin luz, sin escape. La oscuridad me aterraba, las puertas cerradas me asfixiaban y se convertían en prisiones, las cortinas cerradas en cualquier habitación la volvían un mausoleo, y el cuarto de baño y la regadera el ataúd donde se acababa el aire y dejaba de respirar.

La falta de alimento adecuado y el constante agotamiento mental me provocaban alucinaciones; veía sombras, animales acechando, figuras que se desvanecían, pero su presencia me perseguía. El horror de no poder distinguir entre lo real y lo imaginado invadía cada rincón de mí vida.

Semanas después, durante una práctica de artes marciales, un compañero me golpeó con una patada que desgarró los tendones de mis muslos, contracturó mi espalda y me provocó esguinces en ambos tobillos. El dolor era insoportable. Mi maestro me llevó de urgencia a un consultorio cercano. Apenas podía moverme, y por semanas quedé postrada, dependiendo de una taza de té y un paquete de galletas que una compañera me había traído. Perdí tanto peso que apenas pesaba 35 kilos (aproximadamente 76 libras). Mi cuerpo se rehusaba a seguir, pero lo que más me dolía era saber que, por ese accidente, no podría presentar mi examen de grado, uno de los pocos logros que aún me sostenían.

Conforme se acercaba mi cumpleaños número dieciséis, sentía que todo se derrumbaba a mí alrededor. La soledad, la falta de amigos, de cariño, la constante necesidad de aparentar una fortaleza que no tenía, me estaban destruyendo. Me sentía fea, insignificante, vacía.

Durante mi convalecencia, pensaba constantemente en cómo irme lejos. Ya no me importaba terminar la escuela, sólo quería desaparecer. Pero ni siquiera eso parecía posible. No encontraba la manera de escapar, de morir, de desaparecer, de irme lejos sin dejar rastro.

Era menor de edad y esto en sí presentaba problemas para viajar. El dinero y el ser mujer eran otros factores que necesitaba considerar. Tenía que encontrar una solución y pronto.

Sunset and evening star,
And one clear call for me!
And may there be no moaning of the bar,
When I put out to sea…

Soneto de "Crossing the Bar", poema de Alfred Tennyson
https://www.loveliveson.com/poems-about-death/

CAPITULO 10

ESCAPE

Hoy cumplí 16 años y lo pasé sola. Compré una pequeña bolsa de cerezas en un puesto de frutas, el único lujo que me permití, y caminé por el centro de la ciudad hasta la playa. El sol se iba escondiendo lentamente, pintando el cielo con esos tonos dorados que siempre me parecieron tristes, como si la misma luz del día se despidiera de mí. Me senté en la arena, observando las olas y sintiendo el frío que empezaba a cubrir el ambiente. El sonido del mar siempre me traía una mezcla de paz y melancolía, hoy también tristeza, esa misma que parecía envolver cada rincón de mi vida.

Al meterse el sol, me dirigí a la cafetería de siempre, pedí un café con leche y abrí el libro que traía conmigo. Sentada sola, como de costumbre, dejaba que las palabras se mezclaran con el eco de mis pensamientos, siempre enredados entre la ira que me consumía y la tristeza. Fue entonces que noté a esos jóvenes que ya había visto antes, siempre mirándome, como si intentaran descifrar algo de mí. No sabían nada de lo que realmente cargaba por dentro: la soledad aplastante, el deseo constante de desaparecer, la necesidad de escapar de un mundo que me trataba como si no existiera.

Todo en mí era para aparentar ser inteligente, trabajadora, estudiosa –cuando en realidad era sólo una joven fea, tonta, sin futuro y a quien pocas personas habían querido en la vida.

Me reí para mis adentros, pensando en lo poco que podían ver, en lo lejos que estaban de entender el abismo que había en mi interior. Decidí jugar con ellos, hacerles ver que no podían intimidarme. Me levanté, guardé mis cosas y, antes de salir, me acerqué a su mesa. "Parece que tienen interés en conocerme", les dije, con una sonrisa desafiante. Me presenté como si no hubiera nada más en mí que una chica segura de sí misma, como si no me estuviera desmoronando por dentro. Salí de la cafetería dejando atrás mi fachada, pero no mi vacío.

No había caminado mucho cuando me di cuenta de que me seguían. El miedo era algo que siempre me acompañaba, pero esta vez me fortalecí y los enfrenté. "¿Qué se les ofrece?", les pregunté, lista para cualquier respuesta. Me invitaron a salir, pero en mi cabeza solo resonaba la voz de la desconfianza, el miedo a que cualquier vínculo significara más dolor. Les dije que no, pero dentro de mí sabía que era cuestión de tiempo para que la soledad me empujara a aceptar su compañía y amistad.

Nos encontramos varias veces más en la cafetería, y con el tiempo empezamos a tratarnos como verdaderos amigos. Era extraño, casi irreal, tener gente que se interesaba en conocerme, que no tenía un motivo ulterior para dañarme, que me hacía sentir que tal vez no era tan invisible como siempre había creído. Pero aun así, me aferraba a mi plan de escape. Sabía que tarde o temprano me iría de la ciudad. No había lugar para mí aquí. Todo lo que conocía era soledad y miedo.

Platicamos de escuelas, de música, de lugares. Me entero que tienen meses prestándome atención. Que incluso un día me siguieron de lejos para ver dónde vivía.

Las siguientes veces que coincidimos en la cafetería, y debido a que esa primera vez mi estómago no dejaba de gruñir, haciendo ruidos que nos causaron risas, pues uno de ellos estaba comiendo una hamburguesa con papas y yo hasta dolor de cabeza sentía –no sabían que tenía varios días a café y agua pues había aprendido muy bien a fingir y no dar a conocer mi situación, empezaron a compartir su comida conmigo.

A los pocos meses, uno de ellos me invitó a salir, sólo nosotros dos. La idea de tener a alguien que se preocupara por mí, que me mirara con ojos de cariño, era tentadora, pero nunca dejé de pensar en mi escape. Sabía que lo único que me salvaría sería desaparecer por completo, encontrar otro lugar donde pudiera empezar de nuevo o, al menos, terminar de manera definitiva. Empecé a ilusionarme con esa idea, pero no bajé la guardia. La vida me había enseñado que la felicidad era solo un espejismo.

Para ese entonces empezaba yo a madurar mi plan de irme lejos. En esas fechas hice contacto con una conocida que vivía en Estados Unidos y a quien comenté que me gustaría mucho ir a visitarla –en realidad lo que buscaba era un lugar a donde llegar mientras decidía qué hacer con mi vida.

Empezamos a salir de vez en cuando, primero como amigos y luego me pidió que fuese su novia. Para entonces, me agradaba mucho que siempre se preocupaba por mí, que buscaba la manera de invitarme algo de comer, que le gustaba leer y mucha de la misma música que me gustaba a mí. Me sentía a gusto y empecé a ilusionarme, como la tonta adolescente que era, aunque nunca perdí el enfoque en desaparecer y mudarme lejos donde, tal vez, tuviera la oportunidad de salir adelante o, en su defecto, de acabar con todo. Pero cualquiera que fuese la decisión, sería lejos de aquí.

Sin embargo, nuevamente la vida se interpondría para alterar esos pocos momentos de adolescencia que podía vivir. Mi hermano Bernardo, que no había hablado conmigo en casi un año, me vio un día en la calle con mi amigo. No estábamos haciendo nada indebido, solo platicábamos frente a una librería comentando sobre todos los libros y discos que compraríamos si tuviésemos el capital necesario. Pero él decidió que lo que vio era suficiente para condenarme, para llamarle a Papá y decirle que yo "andaba en la calle de novia y que cualquier rato saldría con mis cosas como la otra".

Esa misma noche, seis horas después, al ir llegando a casa, vi pasar el carro de Papá y me apresuré a llegar. Eran las diez de la noche de un frío día de invierno. Al entrar a la cocina, Papá me pregunta que con quién estaba y sin darme tiempo a responder se abalanza sobre mí y empieza a golpearme mientras me llama "puta, igual que la otra".

Nada vale que yo trate de explicar que nada ha pasado, que no soy lo que él dice, que no tengo nada de qué avergonzarme. Llorando mientras llueven los golpes grito desesperada que no soy así, que soy buena estudiante, buena persona y dentro de mi ira al sentirme difamada reclamo que cómo puede creer esas cosas de mí, que no soy una santa pero que no soy eso que él cree, y tontamente exclamo que tengo muchos años de mantenerme sola y que ahora sí se creen con derecho de regir mi vida. Obvio es que esto enfurece más a Papá y los siguientes golpes me zafan la mandíbula, desvían mi nariz y me rompen una costilla.

Sus golpes me destrozaron tanto física como emocionalmente.

Acto seguido y sacando de su cuarto una pistola con la que me indica va a ir a matar al desgraciado ese, me echó de la casa, amenazando con matarme si cuando volviera me encontraba allí. Esa fue la gota que colmó el vaso. Con el rostro ensangrentado y el alma rota, recogí algunas cosas en una maleta, vieja y rota como mi alma, y salí para nunca regresar.

Eran casi las once de la noche, hora en que pasaba el último autobús. Al llegar a esa esquina vi a una pareja de novios abrazados y ellos, al verme con sangre en la cara, me preguntan que si qué me pasó. Llorando les doy una versión resumida y les pido si pueden prestarme para el camión. Ellos, preocupados, me dicen que sí y suben conmigo hasta el centro de la ciudad.

De allí, tomo un taxi terminando en casa de una amiga que me ofreció su pequeña cocina para dormir. Sentada en una silla, temblando de frío y dolor, comprendí que mi vida en esa ciudad había llegado a su fin. No podía más.

Los días siguientes fueron un torbellino de miedo y desesperación. Me enfoqué en protegerme legalmente pues, al ser menor de edad, me enteré que me buscaban para regresarme a casa a la fuerza. Afortunadamente, los golpes recibidos eran muy visibles y diagnosticados sirvieron para ampararme de no regresar.

Pedí prestado a todas las personas que conocía para comprar el pasaje e irme lejos. Fue frustrante que, habiendo tenido que trabajar desde niña, en esta ocasión no tenía ni un peso a mi nombre.

Papá me buscaba, quería obligarme a volver con ayuda de la policía.

No tenía idea de lo que tenía que hacer. Sin dinero, sin hogar, sin estudios suficientes. La ira me consumía; al cerrar mis ojos escuchaba nuevamente las palabras de Papá. Nunca fui suficiente para ellos, nunca valoraron las cosas que llegué a lograr, sólo fui un estorbo, una indeseable. No me merecía esos golpes, no quería seguir allí. Me quitaron todas las oportunidades, se me exigió mucho más de lo que era posible durante mi infancia y juventud. He sido invisible, he vivido en soledad, no puedo más.

No sé qué voy a hacer, pero esto acaba aquí. ¡NO MÁS!

Tres días después mi novio me localiza – Papá no lo mató. En su ingenuidad pensaba que pedir perdón resolvería las cosas, intentó convencerme de que regresara a casa, pero yo ya estaba decidida. Es otro nuevo insulto. ¡NO TENGO POR QUE PEDIR PERDÓN, NO HE HECHO NADA! Le propuse que si quería ayudarme, que me ayudara a irme de aquí, a cualquier lugar.

Estoy agotada, tengo casi cuatro días sin dormir, sin comer, desesperada, enojada con todo y con todos. Quisiera contar con alguien para solucionar toda esta situación y poder irme de aquí de inmediato.

Mi novio, creyendo encontrar una solución, me dice que él se va conmigo. Molesta le digo que por eso mismo no quería una relación, todo se complica y las decisiones dejan de ser propias. Mi coraje se extiende a todo aquel que quiere tenderme la mano. El me pide que nos casemos. Me opongo de inmediato pues eso no entra en mis planes. Sin embargo, mi amparo está por vencerse y cada vez se cierra más el círculo para forzarme a regresar a casa y sólo puedo imaginarme las situaciones que eso desencadenaría.

Al siguiente día, estando en casa de mi maestro de artes marciales, uno de mis hermanos llegó a preguntar por mí. La esposa de mi maestro le dijo que no me habían visto, mientras yo estaba escondida en la cocina. Mi hermano le dice que, si me ve, me diga que mis padres están dispuestos a meterme a un colegio como interna de donde sólo saldré al cumplir la mayoría de edad.

El miedo, la incertidumbre y la desesperanza me envuelven y me doy por vencida. Acepto casarme con mi novio con la condición de que nos vayamos lo más pronto posible fuera de esta ciudad.

El plan de huir y casarme con él fue una decisión desesperada. No estaba segura de querer pasar el resto de mi vida sujeta a las decisiones de otra persona, pero era una vía de escape. Así que, con moretones en el cuerpo y un vacío en el corazón, a mis dieciséis años, tenía en mis manos la constancia de una boda que aún no entraba en mis planes pero que, en esos momentos, representaba lo que consideré era la única opción para tener también una independencia legal de mi familia, sellando así mi destino.

Al cabo de los días, salimos de la ciudad y del país para enfrentar un nuevo mundo, pero el alivio no llegó.

Con el cansancio presente, el futuro incierto, el miedo de no saber a qué me enfrentaría, intenté encajar en esa nueva situación al tener que cuidar no sólo de mí, sino también de otra persona a quien sentía había comprometido a dejar todo por mí, y un nuevo sentimiento, el de adeudo emocional, pasó a ser parte de mis responsabilidades.

Las primeras semanas fueron un caos. No teníamos nada, ni siquiera una cuchara para comer. La pobreza, (ahora de dos), un nuevo idioma, costumbres, socialización, minoría de edad de ambos y soledad hicieron mella casi de inmediato.

Al cabo de unos meses, sin dinero, sin trabajo, nos vimos forzados a buscar alimentos en los contenedores de basura ubicados atrás de un mercado. Ese ardor en el estómago que tanto me recordaba los terribles momentos de mi infancia volvía a estar presente.

El no contar con muebles, sólo una reja de madera que hacía las veces de mesa, y un salero que el inquilino anterior había dejado olvidado en el departamento eran todos nuestros bienes.

La situación se volvió crítica mientras buscaba la oportunidad de algún trabajo pues, al ser menor de edad, me exigían un permiso escolar, pero al no asistir a una escuela se presentaba como un impedimento insolvente para conseguir un permiso de trabajo.

La única opción fue empezar a vender periódicos para lo que, a las tres o cuatro de la mañana nos trasladábamos al centro de la ciudad a recoger los paquetes y armar los diarios, luego, manejábamos hasta la costa – donde estaba nuestra ruta, a entregar los diarios en distintos negocios y ganar unos cuantos centavos por cada ejemplar vendido.

En una de esas frías mañana, cuando entré a dejar los diarios en un pequeño restaurante de comida mexicana el que, a esa hora, estaba lleno de jornaleros que trabajan en la construcción y muelles cercanos. Al estar acomodando los diarios, uno de los comensales, un señor mayor que por su acento parecía provenir de algún lugar de

América del Sur, empuja su plato dejando una pieza de tortilla con algo de su guisado y exclama que estaba lleno.

Con lágrimas resbalando por las mejillas, y una vergüenza que se reflejaba en el color carmesí de mis mejillas, le pido si puede regalarme sus sobras de comida y le digo que tenemos más de cinco días sin comer. El señor, sorprendido, empuja ligeramente el plato hacia mí sin decir palabra, y como un ladrón que espera no ser visto tomo el pedazo de tortilla y lo escondo en la bolsa de mi chamarra para dárselo a quien ahora también era mi responsabilidad y que me esperaba afuera.

Ahora sentía que tenía que solucionar la situación de dos personas y aunque me sentía agradecida de no estar sola, en realidad nos dábamos cuenta del gran error cometido. Los problemas, las discusiones y la falta de tolerancia no se hicieron esperar. Ahora, volvía a llorar todas las noches durante largas horas; las soluciones no se manifestaban y los días se deslizaban entre los dedos sin dejar resultado alguno.

Las peleas comenzaron pronto, y el primer grito seguido de un golpe generado por la frustración de quien se suponía era mi apoyo emocional, fue la confirmación de que, nuevamente, había cometido un gran error.

El ciclo de violencia y dolor se repetía, como si estuviera destinada a vivir atrapada en una jaula que nunca podría abrir.

Nuevamente, mis ojos mostraban las marcas del llanto que brotaba debido a mis malas decisiones. Nuevamente, opté por la invisibilidad y por ocultar mi verdadero ser. Por fingir ser la persona que los demás querían que fuera. Por matar mi yo interno y perderme en la mediocridad.

La vida me pesaba más que nunca. Había huido, pero no había encontrado la libertad. Sólo había cambiado de prisión. En esta nueva prisión me mantuve durante seis años esperando que la vida, en su eterno girar, tuviera a bien, por fin, darme algo parecido a la felicidad duradera.

Pero la vida, con ese privilegio del que goza para jugar con las almas, deseos y sueños de las personas, seguía escondiendo la llave de mi jaula interior. El daño emocional vivido durante tantos años había marcado de manera permanente mi ser. Ahora sólo era una máquina automatizada que no sabía pertenecer al mundo.

Mi ser físico y emocional ya no existía. Lo que ahora ocupaba mi cuerpo físico eran girones de alguien que, alguna vez, tuvo sueños y deseos de sobresalir en una profesión y disfrutar de todo lo que la vida ofrecía a los demás.

Una niña forzada a olvidarse de la niñez; una niña deseosa del abrazo de cariño de sus padres, una adolescente que había decidido que lo había perdido todo… y ya no había nada que perder.

Feeling like a failure,
is a weight hard to measure,
Heavy on the heart,
Tearing the soul apart.

Doubts and fears,
Filling the eyes with tears,
Whispers in the mind,
Saying "you'll never measure up"

Parte del poema "Don't give up"; autor anónimo
https://www.tiktok.com/@poemssbyb/video/7230645299843321134

CAPITULO 11

NO TE DETENGAS

Poema de Walt Whitman (1819-1892)
Traducido al español.

No dejes que termine el día sin haber crecido un poco,
sin haber sido feliz, sin haber aumentado tus sueños.
No te dejes vencer por el desaliento.
No permitas que nadie te quite el derecho a expresarte,
que es casi un deber.

No abandones las ansias de hacer de tu vida algo
extraordinario.
No dejes de creer que las palabras y las poesías
sí pueden cambiar el mundo.

Pase lo que pase, nuestra esencia está intacta.
Somos seres llenos de pasión.
La vida es un desierto y un oasis.
Nos derriba, nos lastima,
Nos enseña,
Nos convierte en protagonistas
De nuestra propia historia.

Aunque el viento sople en contra,
La poderosa obra continúa:
Tú puedes aportar una estrofa.

No dejes nunca de soñar,
Porque en sueños es libre el hombre.
No caigas en el peor de los errores: el silencio.
La mayoría vive en un silencio espantoso.
No te resignes. Huye.

"Emito mis alaridos por los techos de este mundo", dice el poeta.

Valora la belleza de las cosas simples.
Se puede hacer bella poesía sobre pequeñas cosas,
pero no podemos remar en contra de nosotros mismos.
Eso transforma la vida en un infierno.

Disfruta del pánico que te provoca
tener la vida por delante.
Vívela inmensamente,
sin mediocridad.

Piensa que en ti está el futuro
Y encara la tarea con orgullo y sin miedo.
Aprende de quienes puedan enseñarte.
Las experiencias de quienes nos precedieron
De nuestros "poetas muertos",
Te ayudan a caminar por la vida

La sociedad de hoy somos nosotros: Los "poetas vivos".
No permitas que la vida te pase a ti sin que la vivas.

EPÍLOGO

Han pasado casi cincuenta años, un susurro en el viento del tiempo para algunos, una eternidad para otros. Para mí, ha sido una travesía llena de encuentros y despedidas, un largo sendero tejido con hilos de aciertos y errores, de triunfos que saboreé como un fruto dulce y de fracasos que me marcaron la piel, dejando cicatrices que hoy acaricio con la ternura de quien ha aprendido a perdonarse. Tomé decisiones que me condujeron a abismos, y pagué el precio que el destino, implacable, exigió.

Pero no todo fue sombra. En medio del caos, la vida me concedió caminar durante 28 años con un hombre bueno que, desafortunadamente, también cargaba con su propio costal de penas e inseguridades. Juntos fuimos bendecidos y trajimos al mundo dos hijas que son mi orgullo y mi esperanza. Ellas, con su risa, dedicación y valentía, llevan dentro de sí un eco de lo que intentamos enseñarles, aunque al final sean ellas quienes se han vuelto maestras y nos han mostrado el verdadero significado del amor incondicional.

Aunque el padre de mis hijas y yo tomamos caminos distintos, el lazo que nos une a través de nuestras hijas es irrompible, un hilo dorado que nos une más allá de las distancias, del espacio y del tiempo.

Con el paso de los años, me exilié en tierras extranjeras, buscando reconstruir mi vida con las manos desnudas y el alma cansada. Trabajé incansablemente, primero para dar a mis hijas lo que necesitaban –o lo que pude, y luego, para edificar un futuro propio, independiente, libre.

En ese camino, los faros se convirtieron en mis guías. Cada uno, con su luz incansable, me mostró que incluso en la noche más oscura hay una señal, un destello de esperanza, y una luz que muestra la ruta a seguir.

Viajé a lugares que alguna vez parecieron inalcanzables: las frías e increíblemente bellas costas y parajes de Islandia y las callejuelas vibrantes de España; pasee en un restaurante flotante por el Sena para ver a la Dama de Hierro iluminarse en el momento justo cuando el sol ocultaba su rostro para dar paso a la noche y caminé por el fango para rodear el majestuoso y antiguo monasterio *Mont Saint Michel* en Francia.

Visité las costas este y oeste de Canadá caminando por las hermosas ciudades de Victoria, Montreal y Quebec; y vi desprenderse majestuosos trozos de hielo en la Bahía de los Glaciares en Alaska. Manejé por horas en Florida para visitar el faro de *Saint Augustine* galardonado con sus ajuares navideños y me sumergí en las cálidas aguas del Caribe después de disfrutar y probar por primera vez un delicioso licor en *Curaçao.* Caminé por los majestuosos puentes flotantes de Aruba, y admiré la belleza y limpieza de República Dominicana. Visité la hoy abandonada base de la NASA en Turks y Caicos; y admiré parte de las tierras vastas y hermosas de mí amado México. Cada viaje fue una búsqueda de algo más que una geografía; fue un retorno a mí misma.

Logré cumplir mi sueño de visitar y abrazar el Faro *Peggy's Cove* en Halifax, Nova Scotia. Lugar que desde mi infancia me atraía igual que se siente uno atraído por esos imposibles de la vida. Aunque su ubicación geográfica no se asemeja a ese sueño recurrente que he tenido desde que tengo memoria, su estructura, diseño y color son lo más parecido a ello. Al abrazarlo, de una u otra manera sentí que, por fin, después de tantos sueños inconclusos, lograba llegar a la cima y refugiarme en su belleza y calidez.

Hace algunos meses, el viento me empujó de regreso a mi origen, como si los ciclos de la vida estuvieran destinados a cerrarse en el mismo punto donde una vez comenzaron. Y aquí estoy, en la última etapa de mi travesía, con la certeza de que el pasado ha quedado atrás, y los personajes que un día fueron protagonistas en mi vida ya no tienen cabida en este nuevo capítulo. Algunos se han marchado para siempre, y quiero imaginar que encontraron, al fin, la paz que tanto buscaron. De los que aún viven, no guardo rencores ni deseos de reencuentro. Están en un mundo que ya no me pertenece, ni yo a él.

Este viaje, llamado vida, ha sido una danza entre el dolor y la dicha, entre montañas escarpadas que me retaron y valles oscuros donde creí perderme. Pero también han habido playas tranquilas donde pude descansar y respirar profundamente, y mares cuyas olas me mecieron entre la furia y la calma. Hoy, mientras contemplo lo que parece ser la última recta de este camino, me siento en paz.

Agradezco a Dios, al Universo y a cada alma con la que crucé senderos, porque todos, de una manera u otra, fueron parte de mi viaje.

Espero que, llegado el momento, cuando el mar me reciba en su seno, mi espíritu deje de ser invisible; y como expresó el Poeta y Novelista Amado Nervo (1870-1919):

¡Vida, nada me debes!
¡Vida, nada te debo!
¡Vida, estamos en paz!

AGRADECIMIENTOS

Agradezco primero a Dios, al Universo y a la Vida por ponerme en este plano y darme las experiencias que he recibido.

Mi eterno agradecimiento a mis hijas, Yahaira y Chantal, que han sido mi fortaleza y motivación en cada momento de cada día. Es imposible plasmar sólo con palabras cuanto las amo y lo increíblemente orgullosa que estoy de ustedes. Les pido perdón por mis fallas como su madre –no existía Amazon cuando nacieron y no venían con manual, así que fui improvisando conforme el cansancio y el estrés me lo permitían.

A mis nietas, Maia y Gaia. ¡Coincidir con ustedes en esta vida ha sido un increíble regalo! Pido a Dios que bendiga cada momento de sus vidas y que abra todas las puertas para que alcancen el éxito en todo lo que se propongan. Su Nani las ama siempre.

A Benjamín González, gracias por haber compartido parte de tu camino con el mío. Juntos creamos dos mujeres maravillosas que siempre mantendrán ese vínculo y por ello, siempre tendrás mi respeto y un lugar especial en mi vida.

A mis padres, gracias por sus enseñanzas y su amor. Ahora entiendo que sus acciones sólo fueron producto de su propia formación. Los amo y bendigo.

A mi sobrino Ricardo Eaton y familia, y a mi sobrina Jocelyn Eaton y familia, gracias por su cariño y apoyo siempre y por permitirme compartir sus vidas.

A mi hija de otra mamá, Noelia Ley, quien ha sido amiga, hija, confidente y apoyo. Gracias por compartir conmigo mi pasión por la música.

A mis amigos y familia, a quienes no menciono en lo individual por falta de espacio y temor a olvidar a alguno, con ustedes, ¡la vida tiene momentos fabulosos! Gracias por coincidir.

A todas aquellas personas que, en algún momento de mi vida, me apoyaron, me alentaron, me dieron alojamiento, me enseñaron y me alimentaron, gracias por ser ustedes.

A la niña que fui y a la mujer en que me convertí, llena de errores y aciertos, pero mostrando resiliencia y aun buscando mi identidad.

Y como escribió el compositor y cantante jalisciense Alberto Escobar en una de mis canciones favoritas, "Coincidir":

Si la vida se sostiene por instantes
y un instante es el momento de existir
si tu vida es otro instante… no comprendo
tantos siglos, tantos mundos, tanto espacio… y coincidir

¡GRACIAS!

¿Por qué
las
lágrimas
son
transparentes?
-Porque
el dolor
es algo
que no se
ve.

Peggy's Cove Lighthouse
Halifax, Nova Scotia, CANADA
Junio 2016

www.ingramcontent.com/pod-product-compliance
Lightning Source LLC
LaVergne TN
LVHW050546160826
845677LV00011B/2203
9798218551124